기초물류일본어 Ⅱ

이시윤·임태균·아이자와 유카·양민호 공저

제이앤씨
Publishing Company

머리말

　일본은 동아시아의 여러 나라 중에서도 우리나라와 지정학적으로 가장 가까운 나라입니다. 그래서 그런지 대학생들이 해외여행으로 가장 가고 싶어하는 나라이기도 하고, 직장인 및 구직자들의 해외취업 선호국가 중에서 단연 1순위로 손꼽히는 나라이기도 합니다. 또한 만화, 애니메이션, 드라마, 게임, J-pop, 패션 등의 일본 대중문화는 우리에게 너무나도 친숙한 존재가 되고 있습니다.

　다양한 이유와 경로로 일본어를 접하는 인구가 늘어나고 있는 요즘, 일본어 관련 교재 역시 시중에 많이 나와 있는 실정입니다. 하지만 본문 내용이나 문법설명, 문형연습 등 기존의 획일적인 구성과 내용에서 벗어난 차별화된 교재는 찾아보기 힘든 것이 사실입니다.

　외국어를 배우는 가장 큰 목적은 무엇보다도 외국어에 의한 커뮤니케이션 능력을 갖추기 위한 것이라 할 수 있습니다. 이 교재는 '물류(物流)'라고 하는 개념에 초점을 맞춰 일본어의 문자와 발음은 물론, 기초적 수준의 일본어 커뮤니케이션 능력을 구사할 수 있도록 구성된 일본 물류 비즈니스를 위한 최적의 어학 교재입니다.

　이 책의 구성은 다음과 같습니다. '기초물류일본어'라는 제목에서 알 수 있듯이, 물류를 염두에 두고 일본어의 기초적인 문장과 회화를 익혀가는 교재입니다. 책의 내용은 기초물류일본어Ⅰ을 학습한 학생을 대상으로 기초적인 수준의 문법사항과 일본어 회화 능력 향상을 목표로 하였습니다. 각 과의 구성은 기본회화, 플러스회화, 문법포인트, 연습문제 및 실력 다지기, 물류 노트의 순서로 각 과를 구성하였습니다. 특히 기본회화 분량을 최소화하는 대신에 플러스회화 코너를 마련함으로써 회화 문형에 대한 확인과 발전학습을 꾀하였습니다. 또한 각 과에 마련된 문법 포인트에서는 일반 초급일본어 교재의 획일적인 설명을 지양하고 학습자의 입장에서 최대한 이해하기 쉬운 설명방식을 취하였습니다. 한편 연습문제와 실력 다지기 코너를 통해 문법과 문형에 대한 이해도를 높이도록 하였습니

다. 더불어 이 책은 물류 노트 코너를 마련함으로써 일본 물류 비즈니스와 관련한 기초지식을 다루었습니다.

아무쪼록 이 책으로 착실히 물류일본어의 기초를 닦아 여러분이 원하는 계획대로 좋은 결실을 맺기를 기대합니다.

기초물류일본어 저자일동

차 례

<ruby>新幹線<rt>しんかんせん</rt></ruby>は　どうでしたか

新幹線は どうでしたか

기본 회화

장면 김과장이 일본의 거래처로 출장을 가게 되었다. 거래처에서 요시다부장이 마중하러 나왔다.

吉田部長 キムさん、ようこそ、日本へ。

新幹線は どうでしたか。

キム課長 とても よかったです。

車内も 広くて きれいでした。

吉田部長 人は 多かったですか。

キム課長 ええ、とても 多かったです。

❶ A　お祭りは 楽しかったですか。

　　B1　はい、楽しかったです。

　　B2　いいえ、楽しく ありませんでした。

❷ A　パーティーは にぎやかでしたか。

　　B1　はい、にぎやかでした。

　　B2　いいえ、にぎやかじゃ ありませんでした。

❸ A　図書館の 休みは 何曜日ですか。

　　B　月曜日です。

새로 나온 말

ようこそ 日本へ	일본에 잘 오셨습니다	新幹線	신칸센
どうでしたか	어땠습니까?	よかったです	좋았습니다
車内	차 안	きれいでした	깨끗했습니다
多かったですか	많았습니까?	お祭り	축제
楽しかったですか	즐거웠습니까?	楽しく ありませんでした	즐겁지 않았습니다
パーティー	파티	にぎやかでしたか	북적거렸습니까?
にぎやかじゃ ありませんでした	북적거리지 않았습니다		
休み	쉬는 날	何曜日	무슨 요일
月曜日	월요일		

1 い형용사의 과거형

① 과거 표현

－かった ／ 楽しい → 楽し＋かった → 楽しかった

- 今日の お祭りは とても 楽しかった。

- 彼女の 料理は 本当に おいしかった。

② 과거 정중 표현

－かった ＋ です / かわいい → かわいかった ＋ です → かわいかったです

- イ先生の 猫は かわいかったです。

- さっきの 地震は とても 怖かったです。

③ 과거 부정 표현

－く なかった / 忙しい → 忙し ＋ く なかった → 忙しく なかった

- 土曜日は あまり 忙しく なかった。

- その 国の 人口は 多く なかった。

④ 과거 부정 정중 표현

－く なかった ＋ です / 難しい → 難しく なかった ＋ です

→ 難しく なかったです

- 歴史の テストは 難しく ありませんでした。

- 景色は あまり 美しく ありませんでした。

tip 문장으로 표현할 때는 −く なかったです보다 −く ありませんでした를
더 많이 사용한다.

② **な**형용사, 명사의 과거형

① 과거 표현

な형용사: −だった / にぎやかだ → にぎやか + だった → にぎやか
だった

명　　사: −だった / 晴れ → 晴れ + だった → 晴れだった

- 町は とても にぎやかだった。
- 昨日、東京は 晴れだった。

② 과거 정중 표현

な형용사: −でした / 嫌いだ → 嫌い + でした → 嫌いでした

명　　사: −でした / 郵便局 → 郵便局 + でした → 郵便局でした

- 私は 虫が 嫌いでした。
- あの 建物は 郵便局でした。

③ 과거 부정 표현

な형용사: −では なかった / 静かだ → 静か + では なかった → 静か
では なかった

명　　사: −では なかった / うそ → うそ + では なかった → うそでは
なかった

- 店は あまり 静かでは なかった。

- 友だちの 話は うそじゃ なかった。

④ 과거 부정 정중 표현

な형용사: －では なかったです / きれいだ → きれいでは なかった ＋
です → きれいでは なかったです

명　　사: －では なかったです / 財布 → 財布では なかった ＋ です →
財布では なかったです

- 駅の トイレは あまり きれいでは なかったです。

- これは パクさんの 財布じゃ ありませんでした。

③ 요일

日	月	火	水	木	金	土	何
にち	げつ	か	すい	もく	きん	ど	なん

＋ 曜日 (ようび)

새로 나온 말

本当に	정말로	地震	지진
人口	인구	歴史	역사
景色	경치	晴れ	맑음
虫	벌레	話	이야기
うそ	거짓말	トイレ	화장실

1. 다음 예와 같이 쓰고 대화해 봅시다.

〈예〉

風 / 強い
A : 風は 強かったですか。
B1 : はい、強かったです。
B2 : いいえ、強く ありませんでした。

① 薬 / 苦い

A : ____________________。

B1 : ____________________。

B2 : ____________________。

② 荷物 / 重い

A : ____________________。

B1 : ____________________。

B2 : ____________________。

③ 高校の 先生 / 厳しい

A : ____________________。

B1 : ____________________。

B2 : ____________________。

④ 昨日 / 天気が いい

A : ____________________。

B1 : ____________________。

B2 : ____________________。

새로 나온 말

風	바람	苦い	쓰다
荷物	짐	厳しい	엄하다
昨日	어제	天気	날씨

〈예〉

勉強 / 大変だ
A: 勉強は 大変でしたか。
B1: はい、大変でした。
B2: いいえ、大変じゃ ありませんでした。

① 交通 / 便利だ

A : ____。
B1 : ____。
B2 : ____。

② ホテル / 親切だ

A : ____。
B1 : ____。
B2 : ____。

③ ゆうべ / 雨

A : ____。
B1 : ____。
B2 : ____。

④ 先週 / 試験

A : ____。
B1 : ____。
B2 : ____。

새로 나온 말

勉強	공부	交通	교통
ホテル	호텔	ゆうべ	어젯밤
雨	비	先週	지난 주
試験	시험		

3. 다음 예와 같이 쓰고 대화해 봅시다.

〈예〉

会議 / 木曜日

A : 会議は 何曜日ですか。

B : 木曜日です。

① 集まり / 水曜日

A : ____。

B : ____。

② アルバイト / 月曜日と 金曜日

A : ____。

B : ____。

③ 部室の 掃除 / 毎週 火曜日

A : ____。

B : ____。

④ 好きな 曜日 / 土曜日と 日曜日

A : ____。

B : ____。

새로 나온 말

会議	회의	集まり	모임
部室	동아리방	掃除	청소
毎週	매주		

1. 다음 문장을 우리말로 해석해 봅시다.

① ようこそ、日本へ。

  ➡ ________________________________

② 車内も 広くて きれいでした。

  ➡ ________________________________

③ 荷物は 重く ありませんでした。

  ➡ ________________________________

④ ゆうべは 雨でした。

  ➡ ________________________________

⑤ 集まりは 何曜日ですか。

  ➡ ________________________________

2. 다음 문장을 일본어로 바꿔 봅시다.

① 신칸센은 어땠습니까?

  ➡ ________________________________

② 사람은 많았습니까?

  ➡ ________________________________

③ 어제는 날씨가 좋았습니다.

  ➡ ________________________________

④ 교통은 편리하지 않았습니다.

  ➡ ________________________________

⑤ 좋아하는 요일은 금요일과 토요일입니다.

  ➡ ________________________________

JR패스

　JR 패스(Japan Rail Pass)란 일본을 여행하는 외국인 관광객을 대상으로 판매하는 JR 승차권으로 3종류의 기간(7일, 14일, 21일) 중 선택하여 사용할 수 있다. 저렴한 비용으로 JR 그룹의 급행이나 특급을 비롯한 신칸센 열차 외에도 버스·페리 등을 무제한 이용할 수 있다는 장점이 있다. 단, 주의할 점은 외국에서만 구입이 가능하며 일본 국내에서는 구입할 수 없다는 점이다. 여행사나 항공사 등 JR 패스를 취급하는 곳에서 교환권을 구입하여 일본 입국 후 패스로 교환하여 사용하는데, 사용 유효기한은 교환권 구입 후 3개월 이내이며 교환일로부터 1개월 내의 범위에서 자유롭게 기간을 정하여 사용할 수 있다.

▌ JR패스 교환권 가격

종류	특실(グリーン車)		일반 열차	
구분	성인	어린이	성인	어린이
7일간	38,880엔	19,440엔	29,110엔	14,550엔
14일간	62,950엔	31,470엔	46,390엔	23,190엔
21일간	81,870엔	40,930엔	59,350엔	29,670엔

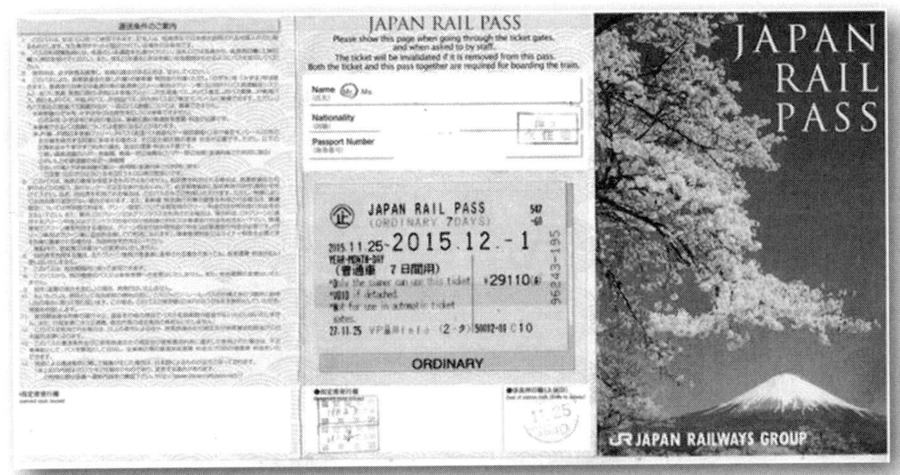

 MEMO

あさっては着きますね

제2과

あさってには 着<ruby>つ</ruby>きますね

 기본 회화　　장면 김과장이 소포를 부치기 위해 우체국에 왔다.

職員　　次<ruby>つぎ</ruby>の お客様<ruby>きゃくさま</ruby>、どうぞ。

キム課長<ruby>かちょう</ruby>　　これを ソウルまで EMSで お願<ruby>ねが</ruby>いします。

職員　　はい、重<ruby>おも</ruby>さを 量<ruby>はか</ruby>りますね。ええと、1,400円<ruby>えん</ruby>です。

キム課長<ruby>かちょう</ruby>　　何日<ruby>なんにち</ruby>ぐらい かかりますか。

職員　　約<ruby>やく</ruby> 二日<ruby>ふつか</ruby> かかります。

キム課長<ruby>かちょう</ruby>　　じゃあ、あさってには 着<ruby>つ</ruby>きますね。

❶ A 朝 何時ごろ 起きますか。

B 6時ごろ 起きます。

❷ A プレゼントは 何を 買いますか。

B 花を 買います。

❸ A よく お酒を 飲みますか。

B1 はい、よく 飲みます。

B2 いいえ、あまり 飲みません。

새로 나온 말

職員	직원	次	다음
お客様	손님	EMSで	EMS로
重さ	무게	量りますね	잴게요
ええと	음	何日ぐらい	며칠정도
かかりますか	걸립니까?	約	약
二日	이틀	あさって	모레
着きますね	도착하겠네요	朝	아침
何時ごろ	몇 시쯤	起きますか	일어납니까?
プレゼント	선물	買いますか	삽니까?
花	꽃	よく	자주
お酒	술	飲みますか	마십니까?

1　동사의 기본형 분류

동사란 사물의 존재나 움직임을 나타내는 것으로 모두 う단으로 끝난다.
동사는 다음과 같이 3 종류로 구분할 수 있다.

Ⅰ 그룹 동사 (5단 동사)

▶ −る 이외의 う단인 경우 : 買う 聞く 飲む

▶ −る로 끝나지만 앞 모음이 あ단・う단・お단인 경우 : かかる 作る 撮る

Ⅱ 그룹 동사 (상1단, 하1단 동사)

▶ −る로 끝나고 동시에, −る 앞 모음이 い단・え단인 경우 : 見る 起きる 寝る 食べる

Ⅲ 그룹 동사 (변격 동사)

▶ 불규칙 활용 동사 : 来る する

2　긍정 정중 표현 : −ます형

Ⅰ 그룹 동사 − 어미를 い단 활용 시킨 후 −ます 활용형을 붙인다.

● 買う → 買います　　● かかる → かかります

*예외 Ⅰ 그룹 동사 − 帰る, 走る, 知る, 切る, 入る

Ⅱ 그룹 동사 - 어미를 떼고, ます 활용형을 붙인다.

- 見る → 見ます
- 寝る → 寝ます

Ⅲ 그룹 동사 - 불규칙 활용

- 来る → 来ます
- する → します

③ 부정 정중 표현: -ません형

Ⅰ 그룹 동사 - 어미를 い단 활용시킨 후 -ません 활용형을 붙인다.

- 聞く → 聞きません
- 作る → 作りません

Ⅱ 그룹 동사 - 어미 떼고, -ません 활용형을 붙인다.

- 起きる → 起きません
- 食べる → 食べません

Ⅲ 그룹 동사 - 불규칙 활용

- 来る → 来ません
- する → しません

새로 나온 말

聞く	듣다	作る	만들다
撮る	찍다	見る	보다
寝る	자다	食べる	먹다
来る	오다	する	하다
帰る	돌아가다, 돌아오다	走る	달리다
知る	알다	切る	자르다
入る	들어가다, 들어오다		

 **1. 다음 예와 같이 쓰고 대화해 봅시다.**

〈예〉

夜 / 寝る / 11時
A : 夜 何時ごろ 寝ますか。
B : 11時ごろ 寝ます。

① 毎日 / うちを 出る / 8時

A : ＿＿＿＿＿＿＿＿＿＿＿＿＿＿＿＿＿＿＿＿＿＿＿＿＿＿＿＿。

B : ＿＿＿＿＿＿＿＿＿＿＿＿＿＿＿＿＿＿＿＿＿＿＿＿＿＿＿＿。

② 毎朝 / ご飯を 食べる / 7時

A : ＿＿＿＿＿＿＿＿＿＿＿＿＿＿＿＿＿＿＿＿＿＿＿＿＿＿＿＿。

B : ＿＿＿＿＿＿＿＿＿＿＿＿＿＿＿＿＿＿＿＿＿＿＿＿＿＿＿＿。

③ いつも / 家に 帰る / 9時

A : ＿＿＿＿＿＿＿＿＿＿＿＿＿＿＿＿＿＿＿＿＿＿＿＿＿＿＿＿。

B : ＿＿＿＿＿＿＿＿＿＿＿＿＿＿＿＿＿＿＿＿＿＿＿＿＿＿＿＿。

④ 明日 / 友だちに 会う / 4時

A : ＿＿＿＿＿＿＿＿＿＿＿＿＿＿＿＿＿＿＿＿＿＿＿＿＿＿＿＿。

B : ＿＿＿＿＿＿＿＿＿＿＿＿＿＿＿＿＿＿＿＿＿＿＿＿＿＿＿＿。

새로 나온 말

夜	밤	毎日	매일
うち	우리 집	出る	나가다, 나오다
毎朝	매일 아침	ご飯	밥
いつも	항상	明日	내일
会う	만나다		

 **2. 다음 예와 같이 <u>쓰고</u> 대화해 봅시다.**

〈예〉

買い物 / 誰と 行く / 姉と 行く

A : <u>買い物</u>は <u>誰</u>と 行きますか。

B : <u>姉と 行</u>きます。

---

① 宿題 / どこで する / 図書館で する

A : ＿＿＿＿＿＿＿＿＿＿＿＿＿＿＿＿＿＿＿＿＿＿＿＿＿。

B : ＿＿＿＿＿＿＿＿＿＿＿＿＿＿＿＿＿＿＿＿＿＿＿＿＿。

② 映画 / 誰と 見る / 恋人と 見る

A : ＿＿＿＿＿＿＿＿＿＿＿＿＿＿＿＿＿＿＿＿＿＿＿＿＿。

B : ＿＿＿＿＿＿＿＿＿＿＿＿＿＿＿＿＿＿＿＿＿＿＿＿＿。

③ 運動 / いつ する / 週末に する

A : ＿＿＿＿＿＿＿＿＿＿＿＿＿＿＿＿＿＿＿＿＿＿＿＿＿。

B : ＿＿＿＿＿＿＿＿＿＿＿＿＿＿＿＿＿＿＿＿＿＿＿＿＿。

④ お弁当 / 何を 作る / サンドイッチを 作る

A : ＿＿＿＿＿＿＿＿＿＿＿＿＿＿＿＿＿＿＿＿＿＿＿＿＿。

B : ＿＿＿＿＿＿＿＿＿＿＿＿＿＿＿＿＿＿＿＿＿＿＿＿＿。

새로 나온 말

買い物	쇼핑	行く	가다
宿題	숙제	どこで	어디서
恋人	애인	運動	운동
週末	주말	サンドイッチ	샌드위치

 **3. 다음 예와 같이 <u>쓰고</u> 대화해 봅시다.**

〈예〉

音楽を 聞く

A:　よく <u>音楽を 聞</u>きますか。

B1:　はい、よく <u>聞</u>きます。

B2:　いいえ、あまり <u>聞</u>きません。

---

① 小説を 読む

　　A : ＿＿＿＿＿＿＿＿＿＿＿＿＿＿＿＿＿＿＿＿＿＿＿＿＿。

　　B1 : ＿＿＿＿＿＿＿＿＿＿＿＿＿＿＿＿＿＿＿＿＿＿＿＿＿。

　　B2 : ＿＿＿＿＿＿＿＿＿＿＿＿＿＿＿＿＿＿＿＿＿＿＿＿＿。

② 電話を かける

　　A : ＿＿＿＿＿＿＿＿＿＿＿＿＿＿＿＿＿＿＿＿＿＿＿＿＿。

　　B1 : ＿＿＿＿＿＿＿＿＿＿＿＿＿＿＿＿＿＿＿＿＿＿＿＿＿。

　　B2 : ＿＿＿＿＿＿＿＿＿＿＿＿＿＿＿＿＿＿＿＿＿＿＿＿＿。

③ 山に 登る

　　A : ＿＿＿＿＿＿＿＿＿＿＿＿＿＿＿＿＿＿＿＿＿＿＿＿＿。

　　B1 : ＿＿＿＿＿＿＿＿＿＿＿＿＿＿＿＿＿＿＿＿＿＿＿＿＿。

　　B2 : ＿＿＿＿＿＿＿＿＿＿＿＿＿＿＿＿＿＿＿＿＿＿＿＿＿。

④ この 食堂に 来る

　　A : ＿＿＿＿＿＿＿＿＿＿＿＿＿＿＿＿＿＿＿＿＿＿＿＿＿。

　　B1 : ＿＿＿＿＿＿＿＿＿＿＿＿＿＿＿＿＿＿＿＿＿＿＿＿＿。

　　B2 : ＿＿＿＿＿＿＿＿＿＿＿＿＿＿＿＿＿＿＿＿＿＿＿＿＿。

새로 나온 말

音楽	음악	小説	소설
読む	읽다	電話を かける	전화를 걸다
山に 登る	등산을 하다	食堂	식당

1. 다음 문장을 우리말로 해석해 봅시다.

① これを ソウルまで EMSで お願いします。

　➡ _______________________________

② 重さを 量りますね。

　➡ _______________________________

③ 毎日 何時ごろ うちを 出ますか。

　➡ _______________________________

④ 映画は 恋人と 見ます。

　➡ _______________________________

⑤ よく この 食堂に 来ますか。

　➡ _______________________________

2. 다음 문장을 일본어로 바꿔 봅시다.

① 며칠정도 걸립니까?

　➡ _______________________________

② 모레쯤 도착합니다.

　➡ _______________________________

③ 내일 3시쯤 친구를 만납니다.

　➡ _______________________________

④ 도시락은 어디서 먹습니까?

　➡ _______________________________

⑤ 술은 마시지 않습니다.

　➡ _______________________________

연하장

    일본에는 지난해의 감사와 신년인사를 겸해 연하장(年賀状/ねんがじょう)을 보내는 풍습이 있다. 지난해의 후의와 새해에도 변함없이 잘 부탁드린다는 내용을 담는데 친한 사람에게는 근황을 적어보내기도 한다. 연하장의 발행부수는 연간 36~37억장 정도라고 하는데, 매년 11월 1일부터 발매하며 신년인 1월 10일 전후에 판매를 종료한다. 연하장에는 오토시다마(お年玉/세뱃돈)번호가 적혀 있어 추첨을 통해 당첨자를 발표하므로, 연하장을 받는 기쁨이 배가 된다. 최근의 1등상은 현금 10만엥이었다. 연하장을 미리 우편창구에 접수하면 신년 초에 일괄적으로 배달된다. 한사람이 평균적으로 구입하는 매수는 약 50장이라고 하나 100장 이상씩 쓰는 사람도 있다고 하니 연하장 보내는 풍습은 일본인에게 얼마나 소중한 연중행사인지를 짐작할 수 있다. 연하장을 보내는 사람은 학창시절 친구나 지인, 가족, 친척에게 보내는 것이 약 70%정도라고 한다.

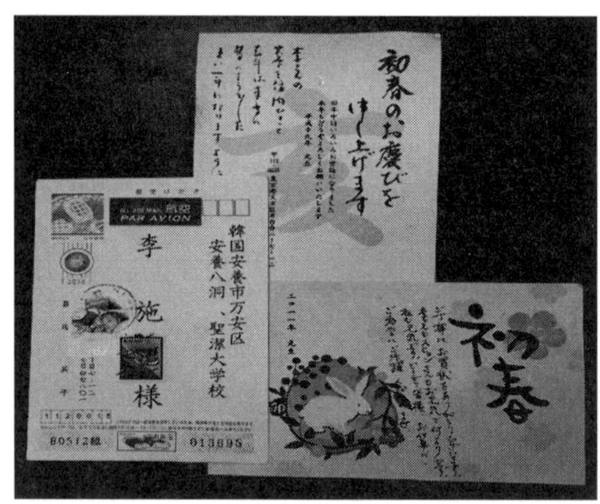

연하장

タクシー乗り場は ありますか

제3과

タクシー乗り場は ありますか

 기본 회화

장면 김과장이 시나가와에 있는 대형 쇼핑센터에 가기 위해 길을 묻고 있다.

キム課長 すみません。この 近くに タクシー乗り場は ありますか。

通行人 ええ、ありますよ。あそこです。

キム課長 どこですか。

通行人 あの 高い ビルの 前です。

キム課長 どうも ありがとうございます。

* * * * *

タクシー運転手 どちらまで。

キム課長 品川の イオンまで お願いします。

❶ A　駐車場は どこに ありますか。

　　B　建物の 後ろに あります。

❷ A　子猫は どこに いますか。

　　B　いすの 上に います。

❸ A　卵は 何個 ありますか。

　　B　5個 あります。

새로 나온 말

近くに	근처에	タクシー乗り場	택시 승차장
ありますか	있습니까?	前	앞
どちらまで	어디까지(가십니까?)	品川	도쿄의 지명(시나가와)
イオン(モール)	일본의 대형 쇼핑센터	駐車場	주차장
建物	건물	後ろ	뒤
子猫	새끼 고양이	いす	의자
上	위	卵	달걀
何個	몇 개		

① **존재 동사:** **あります, います**

일본어에 '있다'라는 존재를 나타내는 동사가 사물의 존재를 나타내는 것과 사람이나 동물을 나타내는 존재 동사로 구별된다. 사물의 존재를 나타내는 ある와 사람이나 동물의 존재를 나타내는 いる로 구분된다.

- 駅の 中に コンビニが あります。
- バス停の 前に 佐藤さんが います。

TIP ある(あります)의 부정형은 ない(ありません), いる(います)의 부정형은 いない(いません)이다.

② **위치명사**

장소 위치 관계를 나타낸다.

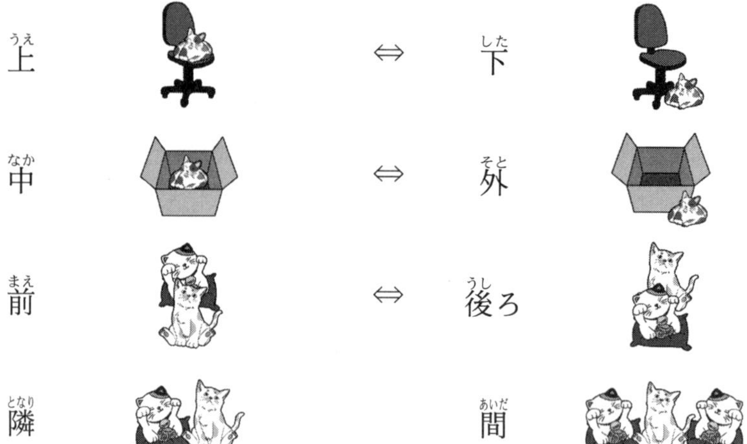

조수사란 숫자를 셀 때 보다 명확히 하기 위하여 붙이는 단위명사이다. 일본어는 조수사가 많은 어휘로 알려져 있기 때문에 풍부한 일본어 표현을 위하여 익힐 필요가 있다.

	枚	册	個	階	本	匹
1	いちまい	いっさつ	いっこ	いっかい	いっぽん	いっぴき
2	にまい	にさつ	にこ	にかい	にほん	にひき
3	さんまい	さんさつ	さんこ	さんがい・さんかい	さんぼん	さんびき
4	よんまい	よんさつ	よんこ	よんかい	よんほん	よんひき
5	ごまい	ごさつ	ごこ	ごかい	ごほん	ごひき
6	ろくまい	ろくさつ	ろっこ	ろっかい	ろっぽん	ろっぴき
7	ななまい	ななさつ	ななこ	ななかい	ななほん	ななひき
8	はちまい	はっさつ	はっこ・はちこ	はっかい・はちかい	はっぽん	はっぴき
9	きゅうまい	きゅうさつ	きゅうこ	きゅうかい	きゅうほん	きゅうひき
10	じゅうまい	じゅっさつ	じゅっこ	じゅっかい	じゅっぽん	じゅっぴき
何	なんまい	なんさつ	なんこ	なんがい・なんかい	なんぼん	なんびき

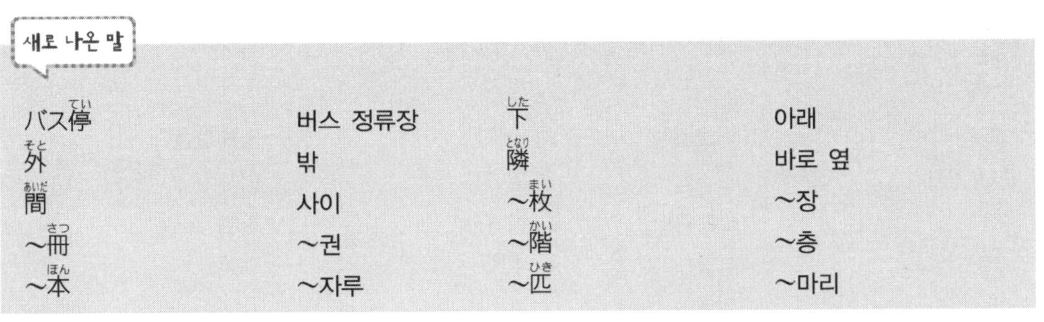

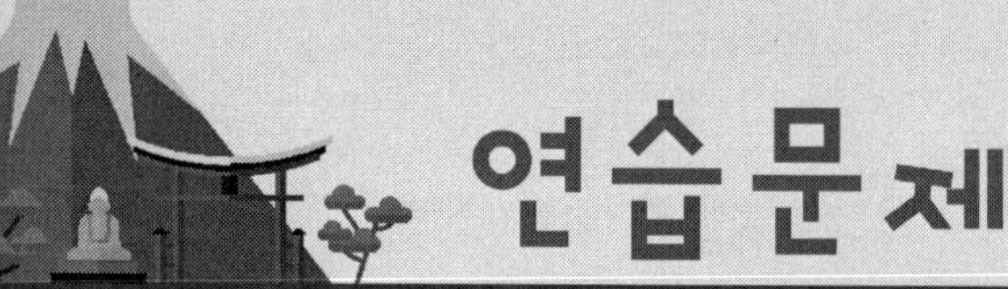

연습문제

1. 다음 예와 같이 쓰고 대화해 봅시다.

〈예〉

バス停 / スーパーの 前

A : バス停は どこに ありますか。

B : スーパーの 前に あります。

① 小学校 / 中学校の 隣

A : ____。

B : ____。

② スイッチ / 入り口の 右

A : ____。

B : ____。

③ はさみ / 引き出しの 中

A : ____。

B : ____。

④ テレビ / 本棚と 机の 間

A : ____。

B : ____。

새로 나온 말

スーパー	슈퍼마켓	小学校	초등학교
スイッチ	스위치	入り口	입구
右	오른쪽	はさみ	가위
引き出し	서랍	本棚	책장
机	책상		

 **2. 다음 예와 같이 쓰고 대화해 봅시다.**

〈예〉

子犬 / テーブルの 下
A : 子犬は どこに いますか。
B : テーブルの 下に います。

① 赤ちゃん / ベッドの 上

A : ____。

B : ____。

② おまわりさん / 交番の 前

A : ____。

B : ____。

③ 男の子 / ドアの 後ろ

A : ____。

B : ____。

④ はるま君 / ゆいさんの 隣

A : ____。

B : ____。

새로 나온 말

子犬	강아지	テーブル	테이블
赤ちゃん	아기	ベッド	침대
おまわりさん	경찰관 아저씨	交番	파출소
ドア	문	～君	～군

 **3. 다음 예와 같이 쓰고 대화해 봅시다.**

〈예〉

切手（きって） / 4

A : 切手（きって）は 何枚（なんまい） ありますか。

B : 4枚（まい） あります。

① ノート / 1

A : ___________________________ 。

B : ___________________________ 。

② りんご / 8

A : ___________________________ 。

B : ___________________________ 。

③ スプーン / 6

A : ___________________________ 。

B : ___________________________ 。

④ 鳥（とり） / 3

A : ___________________________ 。

B : ___________________________ 。

새로 나온 말

切手（きって）	우표	ノート	노트
りんご	사과	スプーン	숟가락
鳥（とり）	새		

1. 다음 문장을 우리말로 해석해 봅시다.

① どちらまで。

　➡ ____

② 品川の イオンまで お願いします。

　➡ ____

③ タクシー乗り場は どこに ありますか。

　➡ ____

④ ドアの 後ろに 男の子が います。

　➡ ____

⑤ 鳥は 何匹 いますか。

　➡ ____

2. 다음 문장을 일본어로 바꿔 봅시다.

① 이 근처에 버스 정류장은 있습니까?

　➡ ____

② 저 높은 빌딩 앞입니다.

　➡ ____

③ 서랍 안에 있습니다.

　➡ ____

④ 경찰관 아저씨는 어디에 있습니까?

　➡ ____

⑤ 테이블 위에 사과가 10개 있습니다. (조수사 부분은 히라가나로)

　➡ ____

대형쇼핑몰

일본 최초의 쇼핑센터는 1964년에 문을 연 '다이에 쇼나이점'이다. 1980년대 이후 대형 쇼핑센터가 들어서기 시작한 이래, 1990년대에 다핵점포형태의 복합쇼핑몰 탄생기를 거쳐, 2000년대 이후 성장기와 전성기를 누리고 있다. 일본 전국에는 현재 3천개 이상 되는 쇼핑 몰과 쇼핑센터가 있으며, 매출액 순위는 다음과 같다.

▌주요 쇼핑센터 매출액 순위

순위	점포명	소재지	매출액
1위	나리타국제공항빌딩(成田国際空港ビル)	지바현	972억엔
2위	라조나 가와사키 플라자(ラゾーナ川崎プラザ)	가나가와현	767억엔
3위	고텐바프리미엄아울렛(御殿場プレミアムアウトレット)	시즈오카현	761억엔
4위	라라포트 도쿄베이(ららぽーとTOKYO-BAY)	지바현	742억엔
5위	이온레이크타운(イオンレイクタウン)	사이타마현	580억엔
6위	한큐 니시노미야 가든즈(阪急西宮ガーデンズ)	효고현	542억엔
7위	테라스몰 쇼난(テラスモール湘南)	가나자와시	526억엔
8위	다마가와 다카시마야SC(玉川高島屋SC)	도쿄도	503억엔
9위	모조 원더시티(モゾ ワンダーシティ)	아이치현	491억엔
10위	라라포트 요코하마(ららぽーと横浜)	가나가와현	481억엔

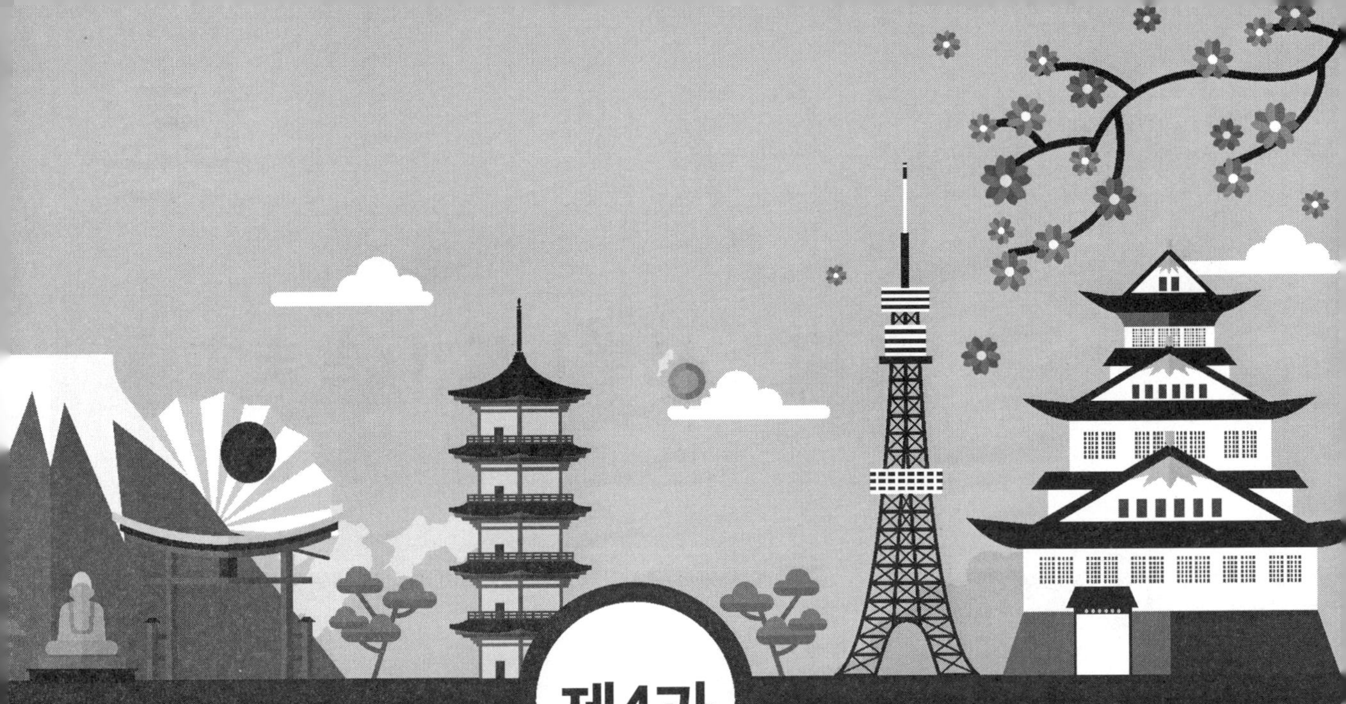

제4과

工場(こうじょう)を 見学(けんがく)しに 行(い)きます

제4과

工場を 見学しに 行きます

장면 회사에서 요시다부장과 김과장이 출장에 대해서 이야기를 나누고 있다.

吉田部長 　キムさん、出張 お疲れ様でした。

　　　　　日本の 物流センターは どうでしたか。

キム課長 　よかったです。とても 勉強に なりました。

　　　　　来月は 大阪の 工場を 見学しに 行きます。

吉田部長 　来月の いつですか。

キム課長 　14日から 16日までです。

❶ A 　昨日 洗濯を しましたか。

　 B 　いいえ、しませんでした。

❷ A 　日曜日、何を しましたか。

　 B 　海へ 泳ぎに 行きました。

❸ A 　誕生日は いつですか。

　 B 　10月 10日です。

새로 나온 말

出張	출장	お疲れ様でした	수고하셨습니다
物流センター	물류센터	勉強に なりました	공부가 되었습니다
来月	다음 달	大阪	오사카(지명)
工場	공장	見学しに 行きます	견학하러 갑니다
洗濯	빨래	海	바다
泳ぎに	수영하러	誕生日	생일
10月 10日	10월 10일		

① 과거 정중 표현: −**ました**

과거 정중 표현을 나타내는 '−ました'는 다음과 같이 접속한다.

Ⅰ **그룹 동사** − 어미를 い단으로 바꾼 후 '−ました'를 붙인다.

- 遊ぶ → 遊びました
- 撮る → 撮りました

Ⅱ **그룹 동사** − 어미를 떼고 '−ました'를 붙인다.

- 降りる → 降りました
- 出かける → 出かけました

Ⅲ **그룹 동사** − 불규칙 활용

- 来る → 来ました
- する → しました

② 과거 정중 부정 표현: −**ませんでした**

과거 정중 부정 표현을 나타내는 '−ませんでした'는 다음과 같이 접속한다.

Ⅰ **그룹 동사** − 어미를 い단으로 바꾼 후 '−ませんでした'를 붙인다.

- 貸す → 貸しませんでした
- 売る → 売りませんでした

Ⅱ **그룹 동사** − 어미를 떼고, '−ませんでした' 활용형을 붙인다.

- 借りる → 借りませんでした
- 答える → 答えませんでした

Ⅲ 그룹 동사 - 불규칙 활용

- 来る → 来ませんでした   - する → しませんでした

③ ーに (ー하러)

동사의 'ー ます형'에 접속하여 목적을 나타내는 'ー하러'의 의미를 갖는다.
또 散歩, 買い物와 같은 동작성 명사 접속하여 'ー하러'의 의미를 갖는다.

- 川へ 遊びに 来ました。
- 犬の 散歩に 行きました。

④ 월

월(月)의 경우 숫자에 '月(がつ)'를 붙여 표현한다. 아래와 같이 4월, 7월, 9월
은 주의하여 읽어야 한다.

1	2	3	4✔	5	6
いち	に	さん	し	ご	ろく
7✔	8	9✔	10	11	12
しち	はち	く	じゅう	じゅういち	じゅうに

+ 月(がつ)

⑤ 날짜

날짜(日)는 기본적으로 '日(にち)'를 붙여서 읽지만 1일부터 10일까지, 14일,
20일, 24일은 주의하자.

1日	ついたち		
2日	ふつか		
3日	みっか		
4日	よっか		
5日	いつか		
6日	むいか		
7日	なのか		
8日	ようか		
9日	ここのか		
10日	とおか		
11日	じゅういちにち	21日	にじゅういちにち
12日	じゅうににち	22日	にじゅうににち
13日	じゅうさんにち	23日	にじゅうさんにち
14日	じゅうよっか	24日	にじゅうよっか
15日	じゅうごにち	25日	にじゅうごにち
16日	じゅうろくにち	26日	にじゅうろくにち
17日	じゅうしちにち	27日	にじゅうしちにち
18日	じゅうはちにち	28日	にじゅうはちにち
19日	じゅうくにち	29日	にじゅうくにち
20日	はつか	30日	さんじゅうにち
		31日	さんじゅういちにち

遊ぶ	놀다	降りる	내리다
出かける	나가다	貸す	빌려주다
売る	팔다	借りる	빌리다
答える	대답하다	川	강
散歩	산책		

연습문제

 **1. 다음 예와 같이 쓰고 대화해 봅시다.**

〈예〉

日記を 書く

A : 昨日 日記を 書きましたか。

B : いいえ、書きませんでした。

① お金を 使う

A : ＿＿＿＿＿＿＿＿＿＿＿＿＿＿＿＿＿＿＿＿＿＿＿＿＿＿。

B : ＿＿＿＿＿＿＿＿＿＿＿＿＿＿＿＿＿＿＿＿＿＿＿＿＿＿。

② 外に 出かける

A : ＿＿＿＿＿＿＿＿＿＿＿＿＿＿＿＿＿＿＿＿＿＿＿＿＿＿。

B : ＿＿＿＿＿＿＿＿＿＿＿＿＿＿＿＿＿＿＿＿＿＿＿＿＿＿。

③ ペットと 遊ぶ

A : ＿＿＿＿＿＿＿＿＿＿＿＿＿＿＿＿＿＿＿＿＿＿＿＿＿＿。

B : ＿＿＿＿＿＿＿＿＿＿＿＿＿＿＿＿＿＿＿＿＿＿＿＿＿＿。

④ ピアノの 練習を する

A : ＿＿＿＿＿＿＿＿＿＿＿＿＿＿＿＿＿＿＿＿＿＿＿＿＿＿。

B : ＿＿＿＿＿＿＿＿＿＿＿＿＿＿＿＿＿＿＿＿＿＿＿＿＿＿。

새로 나온 말

日記	일기	書く	쓰다
お金	돈	使う	쓰다, 사용하다
ペット	애완동물	ピアノ	피아노
練習	연습		

〈예〉

昨日 / 山 / 写真を 撮る
A : 昨日、何を しましたか。
B : 山へ 写真を 撮りに 行きました。

① 今日 / デパート / くつを 買う

A : ＿＿＿＿＿＿＿＿＿＿＿＿＿＿＿＿＿＿＿＿＿＿＿＿＿＿＿＿＿＿。

B : ＿＿＿＿＿＿＿＿＿＿＿＿＿＿＿＿＿＿＿＿＿＿＿＿＿＿＿＿＿＿。

② おととい / 大学 / 試験を 受ける

A : ＿＿＿＿＿＿＿＿＿＿＿＿＿＿＿＿＿＿＿＿＿＿＿＿＿＿＿＿＿＿。

B : ＿＿＿＿＿＿＿＿＿＿＿＿＿＿＿＿＿＿＿＿＿＿＿＿＿＿＿＿＿＿。

③ 土曜日 / 公園 / 散歩

A : ＿＿＿＿＿＿＿＿＿＿＿＿＿＿＿＿＿＿＿＿＿＿＿＿＿＿＿＿＿＿。

B : ＿＿＿＿＿＿＿＿＿＿＿＿＿＿＿＿＿＿＿＿＿＿＿＿＿＿＿＿＿＿。

④ 金曜日の 夜 / レストラン / 食事

A : ＿＿＿＿＿＿＿＿＿＿＿＿＿＿＿＿＿＿＿＿＿＿＿＿＿＿＿＿＿＿。

B : ＿＿＿＿＿＿＿＿＿＿＿＿＿＿＿＿＿＿＿＿＿＿＿＿＿＿＿＿＿＿。

새로 나온 말

写真	사진	おととい	그저께
試験を 受ける	시험을 보다	食事	식사

3. 다음 예와 같이 쓰고 대화해 봅시다.

〈예〉

試合（しあい） / 3月 19日
A : 試合（しあい）は いつですか。
B : さんがつ じゅうくにちです。

① 出発（しゅっぱつ） / 7月 20日

A : ___________________________________。

B : ___________________________________。

② 展覧会（てんらんかい） / 9月 14日

A : ___________________________________。

B : ___________________________________。

③ 正月（しょうがつ） / 1月 1日

A : ___________________________________。

B : ___________________________________。

④ 入学式（にゅうがくしき） / 4月 6日

A : ___________________________________。

B : ___________________________________。

새로 나온 말

試合（しあい）	시합	出発（しゅっぱつ）	출발
展覧会（てんらんかい）	전시회	正月（しょうがつ）	설날
入学式（にゅうがくしき）	입학식		

1. 다음 문장을 우리말로 해석해 봅시다.

① 出張 お疲れ様でした。

➡ ________________________

② 来月は 大阪の 工場を 見学しに 行きます。

➡ ________________________

③ 昨日は 外に 出かけませんでした。

➡ ________________________

④ おととい、何をしましたか。

➡ ________________________

⑤ 展覧会は 6月 21日です。

➡ ________________________

2. 다음 문장을 일본어로 바꿔 봅시다.

① 일본 물류센터는 어땠습니까?

➡ ________________________

② 견학은 다음 달 2일부터 5일까지입니다. (날짜 부분은 히라가나로)

➡ ________________________

③ 어제는 일기를 쓰지 않았습니다.

➡ ________________________

④ 대학에 시험을 보러 갔습니다.

➡ ________________________

⑤ 입학식은 언제입니까?

➡ ________________________

물류 노트

공장견학

  일본에는 일반인을 상대로 한 공장견학코스가 많이 있다. 인기 있는 견학코스는 아사히맥주공장(アサヒビール茨城工場), 아카기유업(赤城乳業), JAL항공박물관(JAL SKY MUSEUM), 구리코 과자공장(グリコピア・イースト), 반다이 취미센터(バンダイ ホビーセンター) 등 다양하다.

  이 중에서 JAL 항공 박물관은 하네다공항 근처에 있으며 항공교실에서 항공기에 관련된 설명을 듣고 야외 격납고에 있는 항공기를 가까이서 볼 수 있는 100분 코스로 이루어져 있어 인기있는 견학코스라 할 수 있다. 각 코스마다 정비사, 객실승무원 운항승무원 등의 경험자가 담당하는 것으로 유명하다. 아사히맥주공장은 총 60분 견학코스 중 20분간 3잔까지 무료시음이 가능하므로 맥주 팬들이 좋아하는 코스이다. 뿐만 아니라 공장 내 선물코너에는 아사히공장에서 생산한 여러 제품을 싼 가격에 구입할 수 있는 장점이 있다.

JAL SKY MUSEUM

MEMO

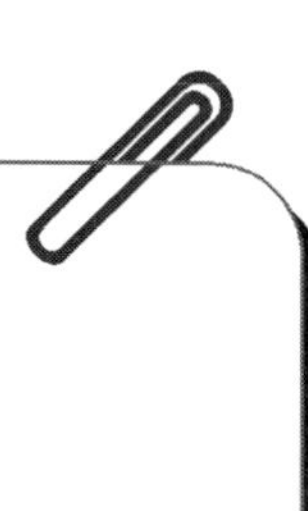

どこを <ruby>観光<rt>かんこう</rt></ruby>したいですか

제5과

どこを 観光^{かんこう}したいですか

장면 요시다부장이 김과장의 도쿄관광을 안내하려고 어디로 가고 싶은지 물어보고 있다.

吉田部長 キムさん、明日 東京を 案内しますよ。

どこを 観光したいですか。

キム課長 そうですね。

いろいろ 行きたいですが、どこが お勧めですか。

吉田部長 スカイツリーは どうですか。とても 人気が

ありますよ。

キム課長 そうですか。ぜひ 行きたいです。

❶ A 休みの 日に 何が したいですか。

B 美術館に 行きたいです。

❷ A 今、何が 一番 ほしいですか。

B 新しい ノートパソコンが ほしいです。

❸ A 教室に 誰か いますか。

B1 はい、先生が います。

B2 いいえ、誰も いません。

새로 나온 말

案内しますよ	안내할게요	観光したいですか	관광하고 싶습니까?
いろいろ	여러 가지	行きたいですが	가고 싶습니다만
お勧め	추천할 만한 곳	スカイツリー	스카이트리(도쿄의 관광지)
人気	인기	ぜひ	꼭
美術館	미술관	今	지금
ほしいですか	갖고 싶습니까?	ノートパソコン	노트북
誰か	누군가	誰も	아무도

문법 포인트

① -たい (-하고 싶다)

동사의 활용형인 '-ます형'에 접속하여 말하는 사람의 소망을 나타내는 표현으로 '-하고 싶다'의 의미로 사용된다.

- 今夜は 肉が 食べたい。
- 来年 また 遊びに 来たいです。

② -が ほしい (-를 갖고 싶다, -이/가 필요하다)

'-ほしい' 앞에 조사는 'が'를 사용하며, 희망을 나타내는 의미로 '-을 갖고 싶다'로 사용된다.

- 新しい 靴下が ほしい。
- もっと 大きい 車が ほしいです。

③ 의문사 + か

다음과 같은 의문사 何, どこ, だれ, いつ와 같은 조사에 'か'가 붙어 특별한 의미를 나타내기도 한다. 정해지지 않은 대상, 장소, 사람, 시기를 나타낼 때 사용한다. 부정의 경우 'も'를 붙여 사용한다.

- 何か 食べましたか。 - 何も 食べませんでした。

- 誰か いましたか。 – 誰も いませんでした。

- どこか 行きましたか。 – どこも 行きませんでした。

- いつか 会いたいです。

④ 때를 나타내는 표현

おととい 그저께	昨日 어제	今日 오늘	明日/明日 내일	あさって 모레
先々週 지지난 주	先週 지난 주	今週 이번 주	来週 다음 주	再来週 다다음 주
先々月 지지난 달	先月 지난 달	今月 이번 달	来月 다음 달	再来月 다다음 달
おととし 지지난 해	去年/昨年 지난 해	今年 올해	来年 내년	再来年 내후년

今夜	오늘 밤	肉	고기
来年	내년	また	또
靴下	양말	もっと	더
何か	무언가	どこか	어딘가
いつか	언젠가		

연습문제

1. 다음 예와 같이 쓰고 대화해 봅시다.

〈예〉

日曜日 / おいしい 物を 食べる

A : 日曜日に 何が したいですか。

B : おいしい 物が 食べたいです。

① 連休 / 好きな 漫画を 読む

A : ____。

B : ____。

② 夏休み / 日本料理を 習う

A : ____。

B : ____。

③ 今度の 日曜日 / 一日中 寝る

A : ____。

B : ____。

④ ゴールデンウィーク / 外国旅行を する

A : ____。

B : ____。

새로 나온 말

物	것	連休	연휴
漫画	만화	習う	배우다
今度	이번	一日中	하루종일
ゴールデンウィーク	(5월) 황금연휴		

2. 다음 예와 같이 쓰고 대화해 봅시다.

> 〈예〉
>
> 自転車
>
> A : 今、何が 一番 ほしいですか。
> B : 自転車が ほしいです。

① 時間

    A : ＿＿＿＿＿＿＿＿＿＿＿＿＿＿＿＿＿＿＿＿＿＿＿＿＿＿＿＿。

    B : ＿＿＿＿＿＿＿＿＿＿＿＿＿＿＿＿＿＿＿＿＿＿＿＿＿＿＿＿。

② 庭

    A : ＿＿＿＿＿＿＿＿＿＿＿＿＿＿＿＿＿＿＿＿＿＿＿＿＿＿＿＿。

    B : ＿＿＿＿＿＿＿＿＿＿＿＿＿＿＿＿＿＿＿＿＿＿＿＿＿＿＿＿。

③ エアコン

    A : ＿＿＿＿＿＿＿＿＿＿＿＿＿＿＿＿＿＿＿＿＿＿＿＿＿＿＿＿。

    B : ＿＿＿＿＿＿＿＿＿＿＿＿＿＿＿＿＿＿＿＿＿＿＿＿＿＿＿＿。

④ 優しい 彼氏

    A : ＿＿＿＿＿＿＿＿＿＿＿＿＿＿＿＿＿＿＿＿＿＿＿＿＿＿＿＿。

    B : ＿＿＿＿＿＿＿＿＿＿＿＿＿＿＿＿＿＿＿＿＿＿＿＿＿＿＿＿。

새로 나온 말

自転車	자전거	時間	시간
庭	정원	エアコン	에어컨
彼氏	남자 친구		

3. 다음 예와 같이 쓰고 대화해 봅시다.

<예>

玄関 / 誰 / 妹
A： 玄関に 誰か いますか。
B1： はい、妹が います。
B2： いいえ、誰も いません。

① 台所 / 誰 / 母

A： ＿＿＿＿＿＿＿＿＿＿＿＿＿＿＿＿＿＿＿＿＿＿＿＿。
B1： ＿＿＿＿＿＿＿＿＿＿＿＿＿＿＿＿＿＿＿＿＿＿＿＿。
B2： ＿＿＿＿＿＿＿＿＿＿＿＿＿＿＿＿＿＿＿＿＿＿＿＿。

② 事務室 / 誰 / 秘書

A： ＿＿＿＿＿＿＿＿＿＿＿＿＿＿＿＿＿＿＿＿＿＿＿＿。
B1： ＿＿＿＿＿＿＿＿＿＿＿＿＿＿＿＿＿＿＿＿＿＿＿＿。
B2： ＿＿＿＿＿＿＿＿＿＿＿＿＿＿＿＿＿＿＿＿＿＿＿＿。

③ 箱の 中 / 何 / はがき

A： ＿＿＿＿＿＿＿＿＿＿＿＿＿＿＿＿＿＿＿＿＿＿＿＿。
B1： ＿＿＿＿＿＿＿＿＿＿＿＿＿＿＿＿＿＿＿＿＿＿＿＿。
B2： ＿＿＿＿＿＿＿＿＿＿＿＿＿＿＿＿＿＿＿＿＿＿＿＿。

④ 自動車の 下 / 何 / 猫が ２匹

A： ＿＿＿＿＿＿＿＿＿＿＿＿＿＿＿＿＿＿＿＿＿＿＿＿。
B1： ＿＿＿＿＿＿＿＿＿＿＿＿＿＿＿＿＿＿＿＿＿＿＿＿。
B2： ＿＿＿＿＿＿＿＿＿＿＿＿＿＿＿＿＿＿＿＿＿＿＿＿。

새로 나온 말

玄関	현관	台所	부엌
事務室	사무실	秘書	비서
箱	상자	はがき	엽서
自動車	자동차		

1. 다음 문장을 우리말로 해석해 봅시다.

① 明日 東京を 案内します。

➡ _______________________________

② いろいろ 行きたいですが、どこが お勧めですか。

➡ _______________________________

③ 明日は 一日中 寝たいです。

➡ _______________________________

④ エアコンが ほしいです。

➡ _______________________________

⑤ 箱の 中に 何か ありますか。

➡ _______________________________

2. 다음 문장을 일본어로 바꿔 봅시다.

① 어디를 관광하고 싶습니까?

➡ _______________________________

② 스카이트리에 꼭 가고 싶습니다.

➡ _______________________________

③ 맛있는 것을 먹고 싶습니다.

➡ _______________________________

④ 지금 무엇을 가장 갖고 싶습니까?

➡ _______________________________

⑤ 부엌에는 아무도 없습니다.

➡ _______________________________

일본의 관광지

스카이트리

2012년 5월에 개장한 도쿄스카이트리(東京スカイツリー/TOKYO SKYTREE)는 도쿄도 스미다구(東京都墨田区)에 있는 전파탑이다. 현존하는 최고 높이의 전파탑으로(634m), 2011년 11월 17일에 기네스북에 올랐다. 관광시설과 상업시설이 함께 있어 스카이트리를 포함한 주변시설은 도쿄스카이트리타운(東京スカイツリータウン)이라 부른다. 한때는 도쿄타워가 중요관광지였으나 이제는 스카이트리가 일본관광 필수코스로 자리 잡았다. 인터넷으로 예약과 결재가 가능하며 현장에서 표를 구매하는 것은 시간이 많이 걸리기 때문에 미리 예약을 하는 것이 좋다. 일본의 옛 풍물거리 등 볼거리와 쇼핑점이 풍부한 아사쿠사(浅草)와도 가깝기 때문에 두 관광지를 한 번에 가보는 것도 좋겠다. 아사쿠사는 도쿄외곽에 위치하고 서민들의 생활상을 엿볼 수 있어 연중 세계 각국에서 온 관광객들로 붐빈다.

조명을 밝힌 스카이트리

아사쿠사 입구

昨日から 目が かゆいんです

昨日（きのう）から 目（め）が かゆいんです

장면 김과장이 머물고 있는 호텔 로비에서 요시다부장과 둘이 이야기를 나누고 있다.

吉田部長（よしだぶちょう） キムさん、どうしたんですか。

キム課長（かちょう） 昨日（きのう）から 目（め）が かゆいんです。

これから 薬（くすり）を 買（か）いに 行（い）って きます。

* * * * *

キム課長（かちょう） すみません。目薬（めぐすり）を 買（か）いたいんですが、

この 近（ちか）くに 薬屋（くすりや）は ありますか。

フロントスタッフ ありますよ。こちらの 地図（ちず）を どうぞ。

❶ A　どうしたんですか。

　 B　のどが 痛いんです。

❷ A　どうして 日本語が 好きなんですか。

　 B　簡単で 面白いからです。

❸ A　山に 登りながら、何を しますか。

　 B　山に 登りながら、歌を 歌います。

새로 나온 말

どうしたんですか	무슨 일이세요?	目	눈
かゆいんです	가려워요	これから	지금부터
目薬	안약	買いたいんですが	사고 싶은데요
薬屋	약국	のど	목
痛いんです	아파요	どうして	왜, 어째서
好きなんですか	좋아하는 겁니까?	面白いからです	재미있기 때문입니다
山に 登りながら	등산하면서	歌います	(노래를) 부릅니다

1 설명요구: －んです

정중체 '－です'에 형식명사 'ん'이 들어간 형태로 '－んです'는 어떠한 사실
이나 이유에 대하여 설명하거나 또는 상대에게 설명을 요구할 때 사용한다.

▌**동사의 기본형 ＋ んです**

　　A: 旅行ですか。

　　B: はい、友だちと 大阪に 行くんです。

▌**い형용사 기본형 ＋ んです**

　　A: どうしたんですか。

　　B: ちょっと 眠いんです。

▌**な형용사 어간 ＋ なんです**

　　A: 時間が かかりますね。

　　B: ええ、この 問題 ちょっと 複雑なんです。

▌**명사 ＋ なんです**

　　A: 今日は 家に いるんですね。

　　B: ええ、仕事が 休みなんです。

* '－んですが'는 '－은데요'로 해석하며 전제의 용법으로 사용된다.

　　● 先生、ちょっと 質問が あるんですが……。

　　● 牛乳を 買いたいんですが、この 辺に スーパーは ありませんか。

② ━**から** (━때문에)

원인과 이유를 나타내는 조사이다.

- い형용사 (할인점에 가는 이유는) 値段が 安いからです。

- な형용사 (도서관에서 공부하는 이유는) 周りが 静かだからです。

- 동사 (방 청소를 하는 이유는) 友だちが 来るからです。

Tip 다음 예문과 같이 접속사로 문장 도중에 사용하기도 한다. 이 때 '~です
から'처럼 から 앞에 ~です 또는 ~ます가 오면 정중함이 더해진다.

- 暗いから(暗いですから)、電気を つけます。

- 遅れるから(遅れますから)、タクシーで 行きます。

③ ━**ながら** (━면서)

동사의 '━ます형'에 접속하여 '━면서'의 의미를 나타내며, 어떠한 동작의
'동시 진행'을 의미한다.

- 僕は 毎晩 音楽を 聞きながら 寝ます。

- 祖母は お茶を 飲みながら 昔の 話を します。

새로 나온 말

眠い	졸리다	問題	문제
辺	근처	値段	가격
周り	주위	電気	(전기)불
つける	켜다	僕	나(남자)
毎晩	매일 밤	昔	옛날

연습문제

1. 다음 예와 같이 쓰고 대화해 봅시다.

〈예〉

① 娘の 帰り / 遅い

A： ＿＿＿＿＿＿＿＿＿＿＿＿＿＿＿＿＿＿＿＿＿＿＿＿。

B： ＿＿＿＿＿＿＿＿＿＿＿＿＿＿＿＿＿＿＿＿＿＿＿＿。

② 科学の 宿題 / 難しい

A： ＿＿＿＿＿＿＿＿＿＿＿＿＿＿＿＿＿＿＿＿＿＿＿＿。

B： ＿＿＿＿＿＿＿＿＿＿＿＿＿＿＿＿＿＿＿＿＿＿＿＿。

③ 明日の 面接 / 心配だ

A： ＿＿＿＿＿＿＿＿＿＿＿＿＿＿＿＿＿＿＿＿＿＿＿＿。

B： ＿＿＿＿＿＿＿＿＿＿＿＿＿＿＿＿＿＿＿＿＿＿＿＿。

④ 動物園 / 休みだ

A： ＿＿＿＿＿＿＿＿＿＿＿＿＿＿＿＿＿＿＿＿＿＿＿＿。

B： ＿＿＿＿＿＿＿＿＿＿＿＿＿＿＿＿＿＿＿＿＿＿＿＿。

새로 나온 말

切符	표	娘	딸
帰り	귀가	科学	과학
面接	면접	動物園	동물원

 **2. 다음 예와 같이 쓰고 대화해 봅시다.**

〈예〉

早く 帰る / 体の 具合が 悪い

A : どうして 早く 帰るんですか。

B : 体の 具合が 悪いからです。

① 引っ越す / 部屋が 狭い

A : ＿＿＿＿＿＿＿＿＿＿＿＿＿＿＿＿＿＿＿＿＿＿＿。

B : ＿＿＿＿＿＿＿＿＿＿＿＿＿＿＿＿＿＿＿＿＿＿＿。

② 自転車が 好きだ / 早くて 便利だ

A : ＿＿＿＿＿＿＿＿＿＿＿＿＿＿＿＿＿＿＿＿＿＿＿。

B : ＿＿＿＿＿＿＿＿＿＿＿＿＿＿＿＿＿＿＿＿＿＿＿。

③ そんなに 急ぐ / 授業に 遅れる

A : ＿＿＿＿＿＿＿＿＿＿＿＿＿＿＿＿＿＿＿＿＿＿＿。

B : ＿＿＿＿＿＿＿＿＿＿＿＿＿＿＿＿＿＿＿＿＿＿＿。

④ 入院する / 検査を する

A : ＿＿＿＿＿＿＿＿＿＿＿＿＿＿＿＿＿＿＿＿＿＿＿。

B : ＿＿＿＿＿＿＿＿＿＿＿＿＿＿＿＿＿＿＿＿＿＿＿。

새로 나온 말

早く	일찍	体	몸
具合	상태	引っ越す	이사를 가다
そんなに	그렇게	急ぐ	서두르다
遅れる	늦다	入院する	입원하다
検査	검사		

3. 다음 예와 같이 쓰고 대화해 봅시다.

〈예〉

音楽を 聞く / ゲームを する

A : 音楽を 聞きながら、何を しますか。
B : 音楽を 聞きながら、ゲームを します。

① コーヒーを 飲む / 新聞を 読む

A : ＿＿＿＿＿＿＿＿＿＿＿＿＿＿＿＿＿＿＿＿。

B : ＿＿＿＿＿＿＿＿＿＿＿＿＿＿＿＿＿＿＿＿。

② テレビを 見る / お菓子を 食べる

A : ＿＿＿＿＿＿＿＿＿＿＿＿＿＿＿＿＿＿＿＿。

B : ＿＿＿＿＿＿＿＿＿＿＿＿＿＿＿＿＿＿＿＿。

③ 散歩を する / 電話を かける

A : ＿＿＿＿＿＿＿＿＿＿＿＿＿＿＿＿＿＿＿＿。

B : ＿＿＿＿＿＿＿＿＿＿＿＿＿＿＿＿＿＿＿＿。

④ 地下鉄を 待つ / 単語を 覚える

A : ＿＿＿＿＿＿＿＿＿＿＿＿＿＿＿＿＿＿＿＿。

B : ＿＿＿＿＿＿＿＿＿＿＿＿＿＿＿＿＿＿＿＿。

새로 나온 말

ゲーム	게임	新聞	신문
待つ	기다리다	単語	단어
覚える	외우다		

1. 다음 문장을 우리말로 해석해 봅시다.

① 目薬を 買いたいんですが、この 近くに 薬屋は ありますか。

　➡ ____

② こちらの 地図を どうぞ。

　➡ ____

③ 明日の 面接が 心配なんです。

　➡ ____

④ どうして そんなに 急ぐんですか。

　➡ ____

⑤ コーヒーを 飲みながら、新聞を 読みます。

　➡ ____

2. 다음 문장을 일본어로 바꿔 봅시다.

① 무슨 일이세요?

　➡ ____

② 목이 아파요. (~んです를 사용)

　➡ ____

③ 왜 이사를 갑니까?(~んです를 사용)

　➡ ____

④ 몸 상태가 안 좋아요. (~んです를 사용)

　➡ ____

⑤ 지하철을 기다리면서 무엇을 합니까?

　➡ ____

호텔 체인

호텔은 대규모 숙박시설로 시설이나 수준에 따라 비용도 다양하고 등급도 나뉘어 진다. 호텔의 어원은 여행자들을 위한 숙소라는 뜻의 hospitale에서 유래했으며 이는 나중에 병자를 치료하기 위한 장소로 변용되어 hospital → hostel → hotel로 변화하게 되었다. 호텔을 크게 글로벌 호텔과 로컬 호텔로 나눌 수 있다. 글로벌 호텔은 전 세계 어디서든지 일정한 수준의 서비스와 편안함을 느낄 수 있는 장점을 가질 수 있으며, 로컬 호텔은 그 나라 그 호텔만의 개성을 살릴 수 있다는 장점을 가지고 있다. 세계 유명 호텔체인 중 인터컨티넨탈 호텔로 유명한 IHG 그룹과 노보텔 계열의 Accor, 최근 스타우드와 합병에 성공한 Marriott, 전통 강화Hilton, Hyatt 등의 글로벌 체인 이름을 떠올릴 수 있다. 이외에 베스트웨스턴, 초이스, 칼슨 등과 같은 그룹도 있다. 일본에서는 이러한 글로벌 호텔과 함께 비즈니스 손님들을 위한 비즈니스 호텔들이 발달해 있다. 주요 비즈니스호텔 체인으로 도미인, 도요코인, 슈퍼호텔, 루트인 등의 호텔들을 각 지역별로 손쉽게 찾아볼 수 있다. 이외에도 캡슐 형태의 캡슐 호텔도 저렴한 가격에 인기를 끌고 있다.

一緒に 行きませんか

一緒に 行きませんか

기본 회화

장면 회사에서 요시다부장이 김과장에게 다음 주에 있는 도요타 설명회에 같이 가자고 권유하고 있다.

吉田部長　来週、トヨタ方式の セミナーが あるんですが、

一緒に 行きませんか。

キム課長　いいですね。場所は どこですか。

吉田部長　市川市です。車で 30分 ぐらい かかります。

キム課長　じゃあ、私が 運転しましょうか。

吉田部長　すみません。お願いします。

❶ A　一緒に カラオケに 行きませんか。

　 B1　いいですね。行きましょう。

　 B2　すみません。カラオケは ちょっと……。

❷ A　明日、何時に 会いましょうか。

　 B　そうですね。午後 2時に 会いましょう。

❸ A　パクさんの 趣味は 何ですか。

　 B　切手を 集めることです。

トヨタ方式 : 도요타가 만든 공장 운영방식의 하나(TPS:Toyota Production System)			
セミナー	세미나	一緒に	함께
行きませんか	가지 않겠습니까?		
市川市	지바현(千葉県)에 있는 도시명(이치카와 시)		
運転しましょうか	운전할까요?	ちょっと	조금, 좀
午後	오후	趣味	취미
集めることです	수집하는 것입니다		

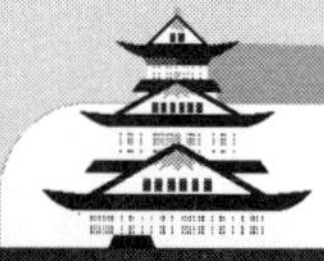

① 권유 표현 1 : －ませんか

2과에서 배운 정중 부정 표현 '－ません'에 의문조사 'か'가 붙은 형태로 '－하지 않겠습니까'의 의미로 사용된다. '－ませんか'는 다음과 같이 접속한다.

Ⅰ 그룹 동사 － 어미를 い단으로 바꾼 후 '－ませんか'를 붙인다.

- 働く → 働きませんか
- 乗る → 乗りませんか

Ⅱ 그룹 동사 － 어미를 떼고 '－ませんか'를 붙인다.

- 見る → 見ませんか
- 調べる → 調べませんか

Ⅲ 그룹 동사 － 불규칙 활용

- 来る → 来ませんか
- する → しませんか

② 권유 표현 2 : －ましょう

'－합시다'의 의미로 상대에게 공손하게 권유하는 표현이다. '－ましょう'는 'ます형'에 접속한다.

- 明日、会場の 前で 会いましょう。
- この 問題は イム先生に 相談しましょう。

③ 권유 표현 3： ―ましょうか

권유 표현 '―ましょう'에 의문조사 'か'가 붙은 형태로 '―하실까요' '―하시지요'의 의미로 사용된다. '―ましょう'보다는 완곡한 표현이다. '―ましょうか'는 'ます형'에 접속한다.

- ステーキを 食べに 行きましょうか。
- 明日の 天気予報を 見ましょうか。

Tip 위 세 가지 권유 표현 중 '―ませんか'가 가장 정중하게 들리며 다음으로 '―ましょうか'그 다음으로 '―ましょう'의 순이다.

④ 기본형 + ことです (―하는 것입니다)

동사의 기본형에 こと(―의 것)를 붙여서 동사를 명사로 바꿀 수 있다.

- 私の 趣味は 食べることと 寝ることです。
- 両親の 楽しみは 孫に 会うことです。

새로 나온 말

働く	일하다	乗る	타다
調べる	알아보다	会場	회장
相談する	의논하다	ステーキ	스테이크
天気予報	일기예보	両親	부모님
楽しみ	즐거움	孫	손자

1. 다음 예와 같이 쓰고 대화해 봅시다.

〈예〉

うなぎを 食べに 行く
A :   一緒に うなぎを 食べに 行きませんか。
B1 : いいですね。行きましょう。
B2 : すみません。うなぎは ちょっと……。

① ゴルフを する

A : ＿＿＿＿＿＿＿＿＿＿＿＿＿＿＿＿＿＿＿＿＿。

B : ＿＿＿＿＿＿＿＿＿＿＿＿＿＿＿＿＿＿＿＿＿。

② 英会話を 習う

A : ＿＿＿＿＿＿＿＿＿＿＿＿＿＿＿＿＿＿＿＿＿。

B : ＿＿＿＿＿＿＿＿＿＿＿＿＿＿＿＿＿＿＿＿＿。

③ 水泳を 始める

A : ＿＿＿＿＿＿＿＿＿＿＿＿＿＿＿＿＿＿＿＿＿。

B : ＿＿＿＿＿＿＿＿＿＿＿＿＿＿＿＿＿＿＿＿＿。

④ ホラー映画を 見る

A : ＿＿＿＿＿＿＿＿＿＿＿＿＿＿＿＿＿＿＿＿＿。

B : ＿＿＿＿＿＿＿＿＿＿＿＿＿＿＿＿＿＿＿＿＿。

새로 나온 말

うなぎ	장어	ゴルフ	골프
英会話	영어회화 학원	習う	배우다
水泳	수영	始める	시작하다
ホラー映画	공포영화		

2. 다음 예와 같이 쓰고 대화해 봅시다.

〈예〉

誰と 行く / 木村さん

A : 明日、誰と 行きましょうか。

B : そうですね。木村さんと 行きましょう。

① 何で 行く / KTX

   A : ____。

   B : ____。

② どこで 会う / 渋谷駅

   A : ____。

   B : ____。

③ 何を 食べる / カレー

   A : ____。

   B : ____。

④ どんな お土産を 買う / 東京ばな奈

   A : ____。

   B : ____。

새로 나온 말

渋谷駅	시부야역(도쿄 山の手線의 역 중 하나)		
カレー	카레	お土産	(여행) 선물
東京ばな奈	도쿄의 유명한 과자		

3. 다음 예와 같이 쓰고 대화해 봅시다.

〈예〉

夢 / 世界旅行を する

A： イさんの 夢は 何ですか。
B： 世界旅行を することです。

① 仕事 / 映画を 作る

A： ＿＿＿＿＿＿＿＿＿＿＿＿＿＿＿＿＿＿＿。

B： ＿＿＿＿＿＿＿＿＿＿＿＿＿＿＿＿＿＿＿。

② 目標 / 日本の 会社で 働く

A： ＿＿＿＿＿＿＿＿＿＿＿＿＿＿＿＿＿＿＿。

B： ＿＿＿＿＿＿＿＿＿＿＿＿＿＿＿＿＿＿＿。

③ 趣味 / 野菜を 育てる

A： ＿＿＿＿＿＿＿＿＿＿＿＿＿＿＿＿＿＿＿。

B： ＿＿＿＿＿＿＿＿＿＿＿＿＿＿＿＿＿＿＿。

④ 夢 / 大きい 家に 住む

A： ＿＿＿＿＿＿＿＿＿＿＿＿＿＿＿＿＿＿＿。

B： ＿＿＿＿＿＿＿＿＿＿＿＿＿＿＿＿＿＿＿。

새로 나온 말

夢	꿈	世界旅行	세계여행
目標	목표	野菜	야채
育てる	키우다	住む	살다

1. 다음 문장을 우리말로 해석해 봅시다.

① セミナーが あるんですが、一緒に 行きませんか。

　➡ ________________________________

② 私が 運転しましょうか。

　➡ ________________________________

③ すみません。ホラー映画は ちょっと……。

　➡ ________________________________

④ 午後 2時に 会いましょう。

　➡ ________________________________

⑤ パクさんの 目標は 何ですか。

　➡ ________________________________

2. 다음 문장을 일본어로 바꿔 봅시다.

① 장소는 어디입니까?

　➡ ________________________________

② 차로 30분정도 걸립니다.

　➡ ________________________________

③ 같이 영어회화 학원에 다니지 않겠습니까?

　➡ ________________________________

④ 내일 무엇을 먹을까요?

　➡ ________________________________

⑤ 내 취미는 야채를 키우는 것입니다.

　➡ ________________________________

도요타

　도요타는 일본 제1의 자동차회사이다. 최근에는 자동차 제조 외에 금융사업, 주택사업, ITS 사업도 하고 있다. 도요타의 브랜드는 도요타(Toyota), 히노(Hino), 렉서스(Lexus), 랜츠(Ranz), 사이언(Scion), 다이하츠(ダイハツ工業) 등과 같이 많은 브랜드를 가지고 있다. 특히 경차를 생산하는 다이하츠공업(ダイハツ工業)과 트럭과 상용차를 생산하는 히노자동차(日野自動車)가 대표 자회사라고 볼 수 있다. 오늘날의 도요타를 탄생시킨 경영 시스템으로 해외에서도 많은 인기를 끌고 있는 시스템이 있다. 이를 도요타 방식이라고 부르는데 필요한 것을 제때 필요한 만큼 생산하는 저스트 인 타임(Just in time) 개념에 바탕을 둔 생산 방식이다. 도요타는 이 방식을 바탕으로 최적의 작업을 찾아내는 표준화와 낭비제거, '사람 중시 자동화'를 기본원칙으로 삼았다. 이러한 효율중시 시스템은 1980년대 일본제조업체가 세계를 석권하는데 큰 역할을 했다고 볼 수 있지만 현재는 실효성에 문제가 있다.

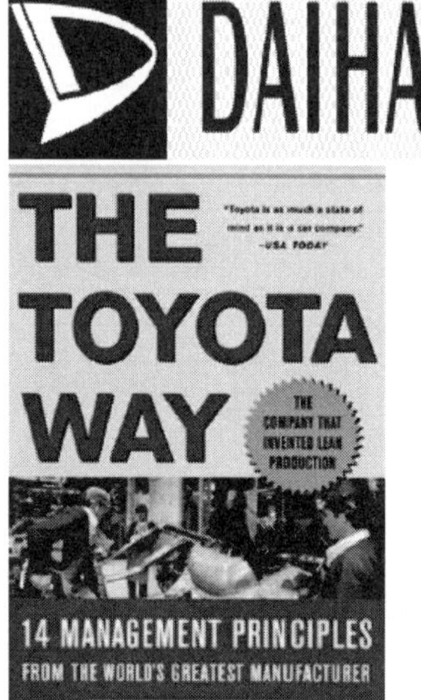

お勧めの サイトを 教えて ください

お勧めの サイトを 教えて ください

장면 김과장이 요시다부장으로부터 인터넷 쇼핑 사이트를 추천 받고 있다.

キム課長 インターネットで 買いたい 物が あるんですが、

お勧めの サイトを 教えて ください。

吉田部長 何を 買うんですか。

キム課長 日本の お茶です。買って、韓国に 送ります。

吉田部長 じゃあ、楽天が お勧めですよ。

とても 有名な ネット通販です。

❶ A　明日は 何を しますか。

　　B　恋人に 会って、映画を 見ます。

❷ A　雨が 降って、服が ぬれました。

　　B　それは 大変でしたね。

❸ A　すみませんが、地図を 見せて ください。

　　B　いいですよ。

새로 나온 말

インターネット	인터넷	サイト	사이트
教えて ください	가르쳐 주세요	買って	사서
送ります	보냅니다	楽天	라쿠텐(일본의 유명한 인터넷 쇼핑 사이트)
ネット通販	인터넷 쇼핑	会って	만나서
降って	(비가) 내려서	服	옷
ぬれる	젖다	見せて ください	보여 주세요

1 −て형

동사의 기본형에 '−て(하고, 해서)'를 붙일 때에 음편 현상이 일어난다. 음편(音便)이란 음을 편하게 하는 만드는 현상으로 I 그룹 동사에서만 일어나며 다음과 같이 접속한다.

I 그룹 동사 − 종류에 따라 활용법이 다르다.

　이음편(イ音便)：　−く → −いて, −ぐ → −いで

- 書く → 書いて
- 泳ぐ → 泳いで
- 稼ぐ → 稼いで

　발음편(撥音便)：　−ぬ, −む, −ぶ → −んで

- 死ぬ → 死んで
- 飲む → 飲んで
- 呼ぶ → 呼んで

　촉음편(促音便)：　−う, −つ, −る → −って

- 言う → 言って
- 立つ → 立って
- 移る → 移って

　* 예외 촉음편: 行く → 行って

　그 밖의 동사：　−す → −して

- 話す → 話して

II 그룹 동사 − 어미를 떼고 '−て'를 붙인다.

- 起きる → 起きて
- 教える → 教えて

III 그룹 동사 − 불규칙 활용

- 来る → 来て
- する → して

동사의 기본형에 '－て' 접속이며, 다음과 같이 여러 가지 용법들을 가지고 있다.

① **－て－ます (순차동작, 동시동작) :** 순차적 동작과 동시 동작을 나타낼 때
사용한다.

- 순차동작: 朝ご飯を 食べて、学校へ 行きます。

- 동시동작: めがねを かけて、勉強します。

② **－て (이유, 원인) :** 이유와 원인을 나타낸다.

- 雪が 降って、子どもが 喜びました。

- 道が 込んで、授業に 遅れました。

❸ **－て ください (－해 주십시오)**

'－て ください' 표현은 지시, 부탁, 권유할 때 사용된다.

- 지시: 明日は 必ず 出席して ください。

- 부탁: すみませんが、ノートを 見せて ください。

- 권유: どうぞ たくさん 食べて ください。

새로 나온 말

稼ぐ	벌다	言う	말하다
立つ	서다	移る	옮기다
死ぬ	죽다	呼ぶ	부르다
話す	말하다	(めがねを)かける	(안경을)쓰다
雪	눈	喜ぶ	기뻐하다
道	길	込む	막히다, 붐비다
必ず	반드시	出席	출석

연습문제

1. 다음 예와 같이 쓰고 대화해 봅시다.

〈예〉

今日 / 美容室に 行く / 髪を 切る
A : 今日は 何を しますか。
B : 美容室に 行って、髪を 切ります。

① 明日 / 掃除を する / 出かける

A : ＿＿＿＿＿＿＿＿＿＿＿＿＿＿＿＿＿＿＿＿＿＿＿＿＿＿。

B : ＿＿＿＿＿＿＿＿＿＿＿＿＿＿＿＿＿＿＿＿＿＿＿＿＿＿。

② 今日の 夜 / 本を 読む / レポートを 書く

A : ＿＿＿＿＿＿＿＿＿＿＿＿＿＿＿＿＿＿＿＿＿＿＿＿＿＿。

B : ＿＿＿＿＿＿＿＿＿＿＿＿＿＿＿＿＿＿＿＿＿＿＿＿＿＿。

③ 土曜日 / 着物を 着る / 写真を 撮る

A : ＿＿＿＿＿＿＿＿＿＿＿＿＿＿＿＿＿＿＿＿＿＿＿＿＿＿。

B : ＿＿＿＿＿＿＿＿＿＿＿＿＿＿＿＿＿＿＿＿＿＿＿＿＿＿。

④ 日曜日 / 電車に 乗る / 空港に 行く

A : ＿＿＿＿＿＿＿＿＿＿＿＿＿＿＿＿＿＿＿＿＿＿＿＿＿＿。

B : ＿＿＿＿＿＿＿＿＿＿＿＿＿＿＿＿＿＿＿＿＿＿＿＿＿＿。

새로 나온 말

美容室	미용실	髪	머리가락
レポート	리포트	着物	기모노(일본 전통의상)
着る	입다	空港	공항

2. 다음 예와 같이 쓰고 대화해 봅시다.

〈예〉

けがを する / 病院に 行く

A : けがを して、病院に 行きました。

B : それは 大変でしたね。

① 事故が ある / 道が 込む

A : ____。

B : ____。

② 遅くまで 働く / 疲れる

A : ____。

B : ____。

③ ケータイを 忘れる / 家に 戻る

A : ____。

B : ____。

④ 道を 間違える / 約束の 時間に 遅れる

A : ____。

B : ____。

새로 나온 말

けがを する	다치다	事故	사고
疲れる	피곤하다	忘れる	잊어버리다
戻る	돌아가다	間違える	잘못하다
約束	약속		

〈예〉

ちょっと 手伝（てつだ）う

A : すみませんが、ちょっと 手伝（てつだ）って ください。
B : いいですよ。

① かさを 貸（か）す

A : ____ 。

B : ____ 。

② エアコンを つける

A : ____ 。

B : ____ 。

③ これを コピーする

A : ____ 。

B : ____ 。

④ 駅（えき）まで 迎（むか）えに 来（く）る

A : ____ 。

B : ____ 。

새로 나온 말

手伝（てつだ）う	도와주다	貸（か）す	빌려 주다
コピーする	복사하다	迎（むか）える	맞이하다

1. 다음 문장을 우리말로 해석해 봅시다.

① 楽天（らくてん）は とても 有名（ゆうめい）な ネット通販（つうはん）です。

➡ ____

② 日本（にほん）の お茶（ちゃ）を 買（か）って、韓国（かんこく）に 送（おく）ります。

➡ ____

③ 明日（あした）は 掃除（そうじ）を して 出（で）かけます。

➡ ____

④ それは 大変（たいへん）でしたね。

➡ ____

⑤ すみませんが、エアコンを つけて ください。

➡ ____

2. 다음 문장을 일본어로 바꿔 봅시다.

① 추천 사이트를 가르쳐 주세요.

➡ ____

② 오늘은 무엇을 합니까?

➡ ____

③ 기모노를 입고 사진을 찍습니다.

➡ ____

④ 다쳐서 병원에 갔습니다.

➡ ____

⑤ 죄송하지만 지도를 보여 주세요.

➡ ____

온라인 인터넷쇼핑

　2016년, 일본 인터넷 쇼핑 시장은 전년대비 9.9% 증가한 15조 1358억 엔을 기록했다. 장기불황 등으로 인해 전반적인 소비침체가 이어지는 가운데 인터넷 쇼핑 시장만은 꾸준한 성장세를 보이고 있는 점은 주목할 만하다. 그 원인 중 하나로 스마트폰 보급 확대에 따른 구매 증가를 들 수 있는데, 스마트폰을 이용한 구입비율은 의류 및 잡화, 의약품 등이 상대적으로 높게 나타났다. 주요 분야별 인터넷 쇼핑 시장 규모 면에서는 상품이 전체의 과반수를 차지하며 서비스와 디지털 분야가 그 뒤를 잇고 있다.

▌인터넷판매 매출액 순위

순위	사명	주요판매물품 등
1위	아마존 재팬(アマゾンジャパン)	종합
2위	요도바시 카메라(ヨドバシカメラ)	가전
3위	센슈카이(千趣会)	종합
4위	디노스 세실(ディノス・セシール)	종합
5위	조신전기(上新電機)	가전
6위	스타트 투데이(スタートトゥデイ)	의료품
7위	닛센(ニッセン)	종합
8위	델(デル)	PC
9위	이토요카도(イトーヨーカ堂)	식품
10위	기타무라(キタムラ)	카메라 관련상품

国内ツアーを探して
いるんですが

제9과

国内ツアーを 探して いるんですが
こくない　　　　　　さが

장면 요시다부장이 사원여행 계획을 세우기 위해 여행사에서 상담을 받고 있다.

吉田部長　社員旅行で 国内ツアーを 探して いるんですが。

社　員　国内ツアーですね。何日の ご予定ですか。

吉田部長　1泊です。

社　員　では、箱根は いかがですか。

遊覧船と 箱根神社と 温泉の コースです。

吉田部長　いいですね。もう 少し 詳しく 教えて ください。

❶ A　キムさんは どこですか。

　 B　公園で パクさんと 話して います。

❷ A　休みの 日は いつも 何を して いますか。

　 B　たいてい 絵を 描いて います。

❸ A　レポートは 出しましたか。

　 B1　はい、もう 出しました。

　 B2　いいえ、まだ 出して いません。

새로 나온 말

国内ツアー	국내 투어	探して いるんですが	찾고 있는데요
何日の ご予定ですか	며칠 예정이십니까?	1泊です	일박입니다
では	그러면		
箱根	가나가와현(神奈川県)에 있는 관광지(하코네)		
いかがですか	어떠십니까?	遊覧船	유람선
箱根神社	하코네 신사	温泉	온천
コース	코스	もう 少し	조금 더
詳しく	자세히	話す	이야기하다
たいてい	대개	描く	그리다
出す	제출하다, 내다	もう	벌써
まだ	아직	出して いません	제출하지 않았습니다

1 −て います (−하고 있습니다)

8과에서 배운 대로 '−て' 형태로 접속한다. 동사의 성질에 따라 현재 진행이나 습관 등을 나타낸다.

현재 진행

- 今、日記を 書いて います。
- 空を 飛行機が 飛んで います。

습관

- おじは 新聞社に 勤めて います。
- おばは 毎朝 公園を 散歩して います。

Tip '−て いる'표현에는 그 외에도 다음과 같은 용법이 있다.

① 결과의 지속

- コップに ジュースが 入って います。
- 妻は めがねを かけて います。

② 현재의 상태

- 子どもは 夫に 似て います。
- やせて います。⇔ 太って います。

참고: かける의 여러 가지 뜻

でんわ
電話を かける 전화를 걸다　　　 絵を かける (벽에) 그림을 걸다

こし
いすに 腰を かける 의자에 앉다　ソースを かける 소스를 뿌리다

しんぱい
心配を かける 걱정을 끼치다

❷ まだ －て いません (아직 －하지 않았습니다)

일본어에서는 어떤 행동이 아직 완료되지 않은 상태를 'まだ －て いません' 표현으로 나타낸다. 우리말에서 과거형으로 표현하는 것과 다르다.

　　　　えいが　　　　　 み
A：あの 映画は もう 見ましたか。

　　　　　　　 み
B：いいえ、まだ 見て いません。

　　　　　　　　　　 なお
A：パソコンは もう 直りましたか。

　　　　　　　 なお
B：いいえ、まだ 直って いません。

空(そら)	하늘	飛(と)ぶ	날다
おじ	삼촌	勤(つと)める	근무하다
おば	이모, 고모	ジュース	주스
妻(つま)	아내	夫(おっと)	남편
似(に)る	닮다	やせる	날씬하다
太(ふと)る	살찌다	直(なお)る	고쳐지다

 **1. 다음 예와 같이 쓰고 대화해 봅시다.**

〈예〉

木村さん / コンビニで 買い物を する

A : 木村さんは どこですか。

B : コンビニで 買い物を して います。

① イさん / 庭で 花を 見る

A : ____。

B : ____。

② 鈴木さん / 図書館で 本を 探す

A : ____。

B : ____。

③ チェさん / 台所で 皿を 洗う

A : ____。

B : ____。

④ 高橋さん / 音楽室で ピアノを 弾く

A : ____。

B : ____。

새로 나온 말

探す	찾다	皿	접시
洗う	씻다	弾く	(피아노를) 치다

2. 다음 예와 같이 쓰고 대화해 봅시다.

〈예〉

暇（ひま）な 時（とき） / 日本（にほん）の アニメを 見（み）る

A ： 暇（ひま）な 時（とき）は いつも 何（なに）を して いますか。

B ： たいてい 日本（にほん）の アニメを 見（み）て います。

① 日曜日（にちようび） / 教会（きょうかい）で 過（す）ごす

A ： ＿＿＿＿＿＿＿＿＿＿＿＿＿＿＿＿＿＿＿＿＿＿＿＿＿＿＿。

B ： ＿＿＿＿＿＿＿＿＿＿＿＿＿＿＿＿＿＿＿＿＿＿＿＿＿＿＿。

② 雨（あめ）の 日（ひ） / 好（す）きな 音楽（おんがく）を 聞（き）く

A ： ＿＿＿＿＿＿＿＿＿＿＿＿＿＿＿＿＿＿＿＿＿＿＿＿＿＿＿。

B ： ＿＿＿＿＿＿＿＿＿＿＿＿＿＿＿＿＿＿＿＿＿＿＿＿＿＿＿。

③ 休（やす）みの 日（ひ） / 釣（つ）りを 楽（たの）しむ

A ： ＿＿＿＿＿＿＿＿＿＿＿＿＿＿＿＿＿＿＿＿＿＿＿＿＿＿＿。

B ： ＿＿＿＿＿＿＿＿＿＿＿＿＿＿＿＿＿＿＿＿＿＿＿＿＿＿＿。

④ 授業（じゅぎょう）が ない 日（ひ） / うちで ごろごろする

A ： ＿＿＿＿＿＿＿＿＿＿＿＿＿＿＿＿＿＿＿＿＿＿＿＿＿＿＿。

B ： ＿＿＿＿＿＿＿＿＿＿＿＿＿＿＿＿＿＿＿＿＿＿＿＿＿＿＿。

새로 나온 말

教会（きょうかい）	교회	過（す）ごす	지내다
釣（つ）り	낚시	楽（たの）しむ	즐기다
ごろごろする	빈둥거리다		

3. 다음 예와 같이 쓰고 대화해 봅시다.

〈예〉

飛行機の 予約 / する

A :　飛行機の 予約は しましたか。
B1 :　はい、もう しました。
B2 :　いいえ、まだ して いません。

① 桜 / 咲く

A :　____。
B1 :　____。
B2 :　____。

② 風邪 / 治る

A :　____。
B1 :　____。
B2 :　____。

③ 名前 / 決める

A :　____。
B1 :　____。
B2 :　____。

④ 校長先生 / 来る

A :　____。
B1 :　____。
B2 :　____。

새로 나온 말

飛行機	비행기	予約	예약
桜	벚꽃	咲く	피다
風邪	감기	治る	낫다
名前	이름	校長先生	교장선생님

1. 다음 문장을 우리말로 해석해 봅시다.

① 何日の ご予定ですか。

➡ ______________________________

② 箱根は いかがですか。

➡ ______________________________

③ 台所で 皿を 洗って います。

➡ ______________________________

④ 日曜日は 教会で 過ごして います。

➡ ______________________________

⑤ 風邪は もう 治りましたか。

➡ ______________________________

2. 다음 문장을 일본어로 바꿔 봅시다.

① 국내투어를 찾고 있는데요.

➡ ______________________________

② 조금 더 자세히 가르쳐 주세요.

➡ ______________________________

③ 음악실에서 피아노를 치고 있습니다.

➡ ______________________________

④ 한가할 때는 무엇을 하고 있습니까?

➡ ______________________________

⑤ 벚꽃은 아직 피지 않았습니다.

➡ ______________________________

여행 대리점

여행대리점은 교통·숙박 등의 요소로 구성된 여행 상품을 기획·실시 또는 중개 판매하는 회사를 의미한다. 여행대리점의 형태로 시대에 따라 변화되고 있는데 최근에는 점포가 없는 온라인 여행사와 같은 타입도 증가하고 있다. 일본 내 방문객수가 많은 온라인 여행대리점으로는 라쿠텐 트레블(楽天トラベル), 쟈란넷(じゃらんnet), 야후 트레블(Yahoo!トラベル), 제이티비(JTB ジェイティービー) 등과 같은 회사를 들 수 있다. 그밖에 일본 국내 점포 약 300개 해외 134도시에 영업소가 있는 글로벌 여행사 에이치아이에스(HIS)도 눈 여겨 볼만하다. 최근에 온라인 오프라인에서 눈부신 성장을 보이고 있다.

ちょっと 見ても いいですか

제10과

ちょっと 見ても いいですか

 기본 회화

 김과장과 요시다부장이 내일 있는 물류시스템 회의에 관해서 이야기를 나누고 있다.

キム課長 明日の 会議室は もう 予約しましたか。

吉田部長 はい。7階の セミナー室を 使います。

キム課長 これは 物流システムの カタログですね。

吉田部長 そうです。会議で 配布します。

キム課長 ちょっと 見ても いいですか。

吉田部長 いいですよ。どうぞ。

❶ A ここで 写真を 撮っても いいですか。

B1 はい、撮っても いいです。

B2 いいえ、撮っては いけません。

❷ A 約束の 時間に 間に 合いましたか。

B いいえ、遅れて しまいました。

❸ A 自転車に 乗る ことが できますか。

B1 はい、乗る ことが できます。

B2 いいえ、乗る ことが できません。

物流システム	물류시스템	カタログ	카탈로그
配布します	배부합니다	見ても いいですか	봐도 됩니까?
いいですよ	괜찮아요, 좋아요	撮っても いいですか	찍어도 됩니까?
撮っては いけません	찍어서는 안 됩니다	間に 合いましたか	늦지 않았습니까?
遅れて しまいました	늦어 버렸습니다	乗る ことが できますか	탈 수 있습니까?

❶ 허가 표현: －ても いいですか

'－해도 됩니까?'의 뜻으로, 상대방에게 허가를 요구하는 표현이다.

- この 紙を 使っても いいですか。
- プレゼントを 開けても いいですか。

❷ 금지 표현: －ては いけません

'－해서는 안 됩니다'의 뜻으로, 금지를 나타내는 표현이다.

- 廊下を 走っては いけません。
- うそを ついては いけません。

❸ 완료 표현: －て しまいました

'－해 버렸습니다'의 뜻으로, 완료를 나타내는 표현이다. 경우에 따라서 아쉬운 마음을 나타내기도 한다.

- 一日で 全部 読んで しまいました。
- 手袋を 落として しまいました。

④ 기본형 + **ことが できます** (—할 수 있습니다)

모든 동사에 사용할 수 있는 가능표현으로 こと 앞에는 동사의 기본형을 붙인다.

- 日本語の 作文を 書く ことが できます。
- ぶどうの ジャムを 作る ことが できます。

⑤ 조사 정리

	뜻	예 문
は	~은/는	お仕事は 何ですか。
も	~도	木村さんも 会社員ですか。
の	~의 (소유)	私の くつです。
	~의 (속성)	黒の ネクタイです。
	~인 (동격)	課長の キムさんです。
	~의 것	その かばんは 友だちのです。
が	~이/가	アイフォンは アプリが 多いです。
	~지만/~다만	少し 小さいですが、便利です。
と	~와/과	GS25と CUが 有名です。
を	~을/를	この 薬を 二つ ください。
へ	~로/~에 (방향)	海へ 泳ぎに 行きました。

	뜻	예 문
に	~에 (도착지)	友だちと 学校に 行きます。
	~에 (시간)	毎朝 7時に ご飯を 食べます。
	~에 (상대)	先生に 電話を かけます。
で	~에서 (장소)	公園で 散歩を します。
	~로 (수단/방법)	地下鉄で 行きます。 / 日本語で 話します。
	기타	みんなで 野球を します。
		一日で 読んで しまいました。
から	~부터/~에서	英語の テストは 何時からですか。
	~때문에 (이유)	暗いから、電気を つけます。
まで	~까지	図書館は 午後 6時までです。

紙	종이	開ける	열다
廊下	복도	うそを つく	거짓말을 하다
一日で	하루로	落とす	떨어뜨리다
作文	작문	ぶどう	포도
ジャム	쨈		

연습문제

1. 다음 예와 같이 쓰고 대화해 봅시다.

〈예〉

ここに 座る

A ：　ここに 座っても いいですか。
B1 ：　はい、座っても いいです。
B2 ：　いいえ、座っては いけません。

① この 水を 飲む

A ：　____。
B1 ：　____。
B2 ：　____。

② ボールペンで 書く

A ：　____。
B1 ：　____。
B2 ：　____。

③ ここで たばこを 吸う

A ：　____。
B1 ：　____。
B2 ：　____。

④ 店の 前に 車を 止める

A ：　____。
B1 ：　____。
B2 ：　____。

새로 나온 말

座る	앉다	水	물
たばこ	담배	吸う	피우다
止める	세우다, 멈추다		

 **2. 다음 예와 같이 쓰고 대화해 봅시다.**

〈예〉

道 / 分かる / 間違える
A： 道は 分かりましたか。
B： いいえ、間違えて しまいました。

① ケータイ / 見つかる / なくす

A： ＿＿＿＿＿＿＿＿＿＿＿＿＿＿＿＿＿＿＿＿＿＿＿＿＿＿＿＿＿。

B： ＿＿＿＿＿＿＿＿＿＿＿＿＿＿＿＿＿＿＿＿＿＿＿＿＿＿＿＿＿。

② お土産 / 持って 行く / 忘れる

A： ＿＿＿＿＿＿＿＿＿＿＿＿＿＿＿＿＿＿＿＿＿＿＿＿＿＿＿＿＿。

B： ＿＿＿＿＿＿＿＿＿＿＿＿＿＿＿＿＿＿＿＿＿＿＿＿＿＿＿＿＿。

③ 買い物 / すぐ 終わる / 時間が かかる

A： ＿＿＿＿＿＿＿＿＿＿＿＿＿＿＿＿＿＿＿＿＿＿＿＿＿＿＿＿＿。

B： ＿＿＿＿＿＿＿＿＿＿＿＿＿＿＿＿＿＿＿＿＿＿＿＿＿＿＿＿＿。

④ 昨日の ワイン / まだ ある / 全部 飲む

A： ＿＿＿＿＿＿＿＿＿＿＿＿＿＿＿＿＿＿＿＿＿＿＿＿＿＿＿＿＿。

B： ＿＿＿＿＿＿＿＿＿＿＿＿＿＿＿＿＿＿＿＿＿＿＿＿＿＿＿＿＿。

새로 나온 말

分かる	알다	見つかる	찾다, 발견되다
なくす	잃다	持って 行く	가지고 가다
すぐ	바로	終わる	끝나다
ワイン	와인	全部	모두

3. 다음 예와 같이 쓰고 대화해 봅시다.

〈예〉

車を 運転する
A: 車を 運転する ことが できますか。
B1 : はい、運転する ことが できます。
B2 : いいえ、運転する ことが できません。

① 納豆を 食べる

A : ＿＿＿＿＿＿＿＿＿＿＿＿＿＿＿＿＿＿＿＿＿＿＿＿＿＿＿。
B1 : ＿＿＿＿＿＿＿＿＿＿＿＿＿＿＿＿＿＿＿＿＿＿＿＿＿＿。
B2 : ＿＿＿＿＿＿＿＿＿＿＿＿＿＿＿＿＿＿＿＿＿＿＿＿＿＿。

② 高い 所に 登る

A : ＿＿＿＿＿＿＿＿＿＿＿＿＿＿＿＿＿＿＿＿＿＿＿＿＿＿＿。
B1 : ＿＿＿＿＿＿＿＿＿＿＿＿＿＿＿＿＿＿＿＿＿＿＿＿＿＿。
B2 : ＿＿＿＿＿＿＿＿＿＿＿＿＿＿＿＿＿＿＿＿＿＿＿＿＿＿。

③ 歌いながら 踊る

A : ＿＿＿＿＿＿＿＿＿＿＿＿＿＿＿＿＿＿＿＿＿＿＿＿＿＿＿。
B1 : ＿＿＿＿＿＿＿＿＿＿＿＿＿＿＿＿＿＿＿＿＿＿＿＿＿＿。
B2 : ＿＿＿＿＿＿＿＿＿＿＿＿＿＿＿＿＿＿＿＿＿＿＿＿＿＿。

④ 200メートル 泳ぐ

A : ＿＿＿＿＿＿＿＿＿＿＿＿＿＿＿＿＿＿＿＿＿＿＿＿＿＿＿。
B1 : ＿＿＿＿＿＿＿＿＿＿＿＿＿＿＿＿＿＿＿＿＿＿＿＿＿＿。
B2 : ＿＿＿＿＿＿＿＿＿＿＿＿＿＿＿＿＿＿＿＿＿＿＿＿＿＿。

새로 나온 말

納豆	낫또 (일본 음식의 하나)	所	곳
踊る	(춤을) 추다	メートル	미터

1. 다음 문장을 우리말로 해석해 봅시다.

① これは 物流システムの カタログです。

➡ ____

② 会議で 配布します。

➡ ____

③ 店の 前に 車を 止めても いいですか。

➡ ____

④ 買い物の 時間が かかって しまいました。

➡ ____

⑤ 歌いながら 踊ることが できます。

➡ ____

2. 다음 문장을 일본어로 바꿔 봅시다.

① 내일 회의실은 벌써 예약했습니까?

➡ ____

② 7층 세미나실을 사용합니다.

➡ ____

③ 여기서 사진을 찍어도 됩니까?

➡ ____

④ 와인을 모두 마셔 버렸습니다.

➡ ____

⑤ 높은 곳에 올라갈 수 있습니까?

➡ ____

물류 노트

물류시스템

물류의 첨병이라고 말할 수 있는 택배는 비교적 작은 짐을 집이나 회사 등에 배송하는 운송 편으로, 노선 트럭의 사업 중 특별한 형태이며, 일본의 국토교통성의 용어로는 '택배화물'이라고 규정하고 있다. 도어 투 도어로 신속한 배달이 특징이다. 택배에서 처리하는 상품 종류들은 해마다 증가하고 있다. 예를 들어 골프 클럽이나 스키 등과 같은 스포츠 용품, 선도를 중요시 생각하는 냉장 식품 등 거의 모든 분야에서 택배 시스템을 활용하고 있다. 일본 택배 취급 개수의 랭킹을 살펴보면 1위는 야마토 운유(ヤマト運輸), 2위는 사가와 큐빈(佐川急便), 3위는 닛폰 유빈(日本郵便)이다.

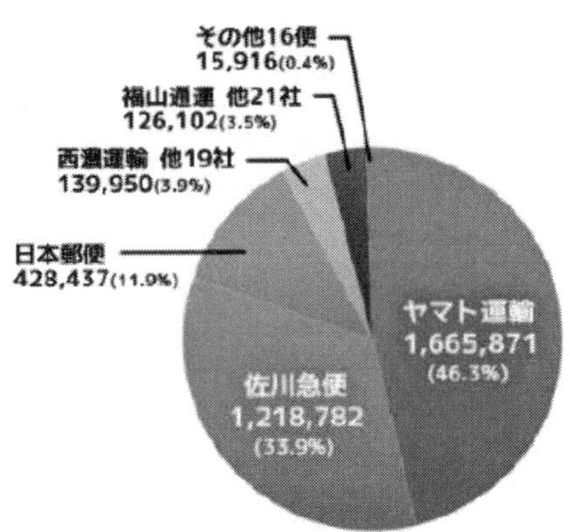

MEMO

クルーズ旅行を した ことが ありますか

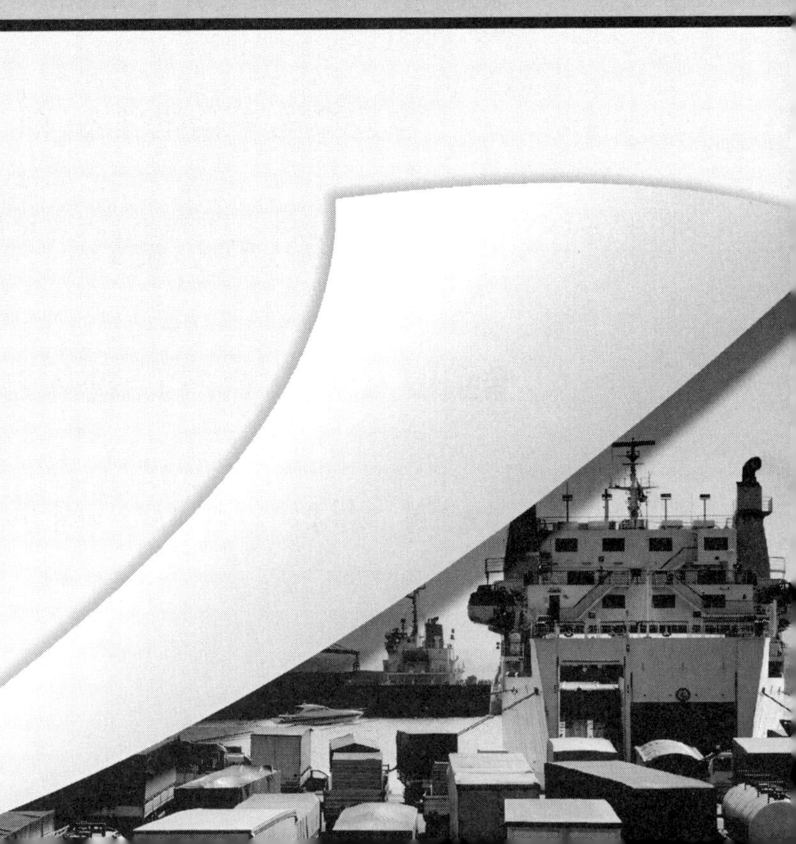

クルーズ旅行を した ことが ありますか

기본 회화

 서점에서 김과장과 요시다부장이 크루즈여행 잡지를 보면서 이야기하고 있다.

キム課長 吉田さんは クルーズ旅行を した ことが

ありますか。

吉田部長 いいえ、ありません。キムさんは？

キム課長 私も まだです。

でも、結婚する 前には ぜひ したいと

思って います。

吉田部長 いいですね。恋人と 一緒ですか。

キム課長 はい。世界 一周が 私の 夢です。

❶ A 浴衣を 着た ことが ありますか。

  B はい、一度 あります。

❷ A 家を 出る 前に 何を しますか。

  B 新聞を 読みます。

❸ A 試験が 終わった 後で 何を しますか。

  B みんなで 打ち上げを します。

새로 나온 말

クルーズ旅行	크루즈여행	した ことが ありますか	한 적이 있습니까?
でも	하지만	結婚する 前には	결혼하기 전에는
～と 思って います	～라고 생각하고 있습니다		
浴衣	유카타(여름에 입는 일본 전통의상)		
一度	한 번	終わった 後で	끝난 후에
みんなで	다 같이	打ち上げ	뒤풀이

1 ーた형 (과거형)

ーた형은 8과에서 배운 ーて형과 활용 방법이 같다.

Ⅰ 그룹 동사 – 종류에 따라 활용법이 다르다.

이음편(イ音便)： ーく → ーいた 、 ーぐ → ーいだ

- 泣く → 泣いた　　• 泳ぐ → 泳いだ

발음편(撥音便)： ーぬ、ーむ、ーぶ → ーんだ

- 死ぬ → 死んだ　　• 飲む → 飲んだ　　• 運ぶ → 運んだ

촉음편(促音便)： ーう、ーつ、ーる → ーった

- 笑う → 笑った　　• 立つ → 立った　　• 困る → 困った

＊예외 촉음편: 行く → 行った

그 밖의 동사： ーす → ーした

- 返す → 返した

Ⅱ 그룹 동사 – 어미를 떼고 'ーた'를 붙인다.

- 着る → 着た　　• 考える → 考えた

Ⅲ 그룹 동사 – 불규칙 활용

- 来る → 来た　　• する → した

② ─た ことがあります （─한 적이 있습니다）

과거의 경험을 나타낸다.

- 病気で 入院した ことが あります。
- あの人に どこかで 会った ことが あります。

③ 동사 기본형/명사 ＋ の 前に

'─하기 전에'의 뜻으로, 동사의 기본형 또는 명사에 の를 붙여 前に에 연결한다.

- お風呂に 入る 前に、服を 脱ぎます。
- デートの 前に、化粧を します。

④ 동사 기본형/명사 ＋ の 後で

'─한 후에'의 뜻으로, 동사의 기본형 또는 명사에 の를 붙여 後で에 연결한다.

- レポートを 書いた 後で、メールで 送ります。
- 説明の 後で、質問します。

새로 나온 말

泣く	울다	運ぶ	운반하다
笑う	웃다	困る	곤란하다
返す	돌려주다	考える	생각하다
病気	병	脱ぐ	벗다
デート	데이트	化粧	화장
メール	메일	説明	설명

1. 다음 예와 같이 쓰고 대화해 봅시다.

〈예〉

芸能人に 会う / 一度 ある

A : 芸能人に 会った ことが ありますか。

B : はい、一度 あります。

① お金を 借りる / 何度か ある

A : ＿＿＿＿＿＿＿＿＿＿＿＿＿＿＿＿＿＿＿＿＿＿＿＿＿＿＿＿＿＿＿＿＿。

B : ＿＿＿＿＿＿＿＿＿＿＿＿＿＿＿＿＿＿＿＿＿＿＿＿＿＿＿＿＿＿＿＿＿。

② ラブレターを 渡す / 何度も ある

A : ＿＿＿＿＿＿＿＿＿＿＿＿＿＿＿＿＿＿＿＿＿＿＿＿＿＿＿＿＿＿＿＿＿。

B : ＿＿＿＿＿＿＿＿＿＿＿＿＿＿＿＿＿＿＿＿＿＿＿＿＿＿＿＿＿＿＿＿＿。

③ 友だちと けんかする / 一度も ない

A : ＿＿＿＿＿＿＿＿＿＿＿＿＿＿＿＿＿＿＿＿＿＿＿＿＿＿＿＿＿＿＿＿＿。

B : ＿＿＿＿＿＿＿＿＿＿＿＿＿＿＿＿＿＿＿＿＿＿＿＿＿＿＿＿＿＿＿＿＿。

④ 日本の 小説を 読む / 全然 ない

A : ＿＿＿＿＿＿＿＿＿＿＿＿＿＿＿＿＿＿＿＿＿＿＿＿＿＿＿＿＿＿＿＿＿。

B : ＿＿＿＿＿＿＿＿＿＿＿＿＿＿＿＿＿＿＿＿＿＿＿＿＿＿＿＿＿＿＿＿＿。

새로 나온 말

芸能人	연예인	何度か	몇 번인가
ラブレター	연애편지	渡す	건네다
何度も	몇 번이나	けんかする	싸우다
全然	전혀		

2. 다음 예와 같이 쓰고 대화해 봅시다.

〈예〉

寝る / お風呂に 入る

A : 寝る 前に 何を しますか。

B : お風呂に 入ります。

① ご飯を食べる / 手を 洗う

A : ＿＿＿＿＿＿＿＿＿＿＿＿＿＿＿＿＿＿＿＿＿＿＿＿。

B : ＿＿＿＿＿＿＿＿＿＿＿＿＿＿＿＿＿＿＿＿＿＿＿＿。

② 国へ 帰る / お土産を 買う

A : ＿＿＿＿＿＿＿＿＿＿＿＿＿＿＿＿＿＿＿＿＿＿＿＿。

B : ＿＿＿＿＿＿＿＿＿＿＿＿＿＿＿＿＿＿＿＿＿＿＿＿。

③ 授業 / 予習を する

A : ＿＿＿＿＿＿＿＿＿＿＿＿＿＿＿＿＿＿＿＿＿＿＿＿。

B : ＿＿＿＿＿＿＿＿＿＿＿＿＿＿＿＿＿＿＿＿＿＿＿＿。

④ パーティー / 皿を 並べる

A : ＿＿＿＿＿＿＿＿＿＿＿＿＿＿＿＿＿＿＿＿＿＿＿＿。

B : ＿＿＿＿＿＿＿＿＿＿＿＿＿＿＿＿＿＿＿＿＿＿＿＿。

새로 나온 말

お風呂に 入る	목욕하다	手	손
国	나라, 고향	予習	예습
並べる	진열하다, 나열하다		

3. 다음 예와 같이 쓰고 대화해 봅시다.

〈예〉

家に 帰る / 日本語の 復習を する

A : 家に 帰った 後で 何を しますか。

B : 日本語の 復習を します。

① 海で 泳ぐ / 旅館で 休む

A : ＿＿＿＿＿＿＿＿＿＿＿＿＿＿＿＿＿＿＿＿＿＿＿＿＿。

B : ＿＿＿＿＿＿＿＿＿＿＿＿＿＿＿＿＿＿＿＿＿＿＿＿＿。

② テレビを 見る / 洗濯を する

A : ＿＿＿＿＿＿＿＿＿＿＿＿＿＿＿＿＿＿＿＿＿＿＿＿＿。

B : ＿＿＿＿＿＿＿＿＿＿＿＿＿＿＿＿＿＿＿＿＿＿＿＿＿。

③ 食事 / 歯を 磨く

A : ＿＿＿＿＿＿＿＿＿＿＿＿＿＿＿＿＿＿＿＿＿＿＿＿＿。

B : ＿＿＿＿＿＿＿＿＿＿＿＿＿＿＿＿＿＿＿＿＿＿＿＿＿。

④ 運動 / シャワーを 浴びる

A : ＿＿＿＿＿＿＿＿＿＿＿＿＿＿＿＿＿＿＿＿＿＿＿＿＿。

B : ＿＿＿＿＿＿＿＿＿＿＿＿＿＿＿＿＿＿＿＿＿＿＿＿＿。

새로 나온 말

復習	복습	旅館	여관
休む	쉬다	歯	이
磨く	닦다	シャワーを 浴びる	샤워를 하다

1. 다음 문장을 우리말로 해석해 봅시다.

① クルーズ旅行を した ことが ありますか。

➡ ______________________

② 世界 一周が 私の 夢です。

➡ ______________________

③ 寝る 前に お風呂に 入ります。

➡ ______________________

④ 海で 泳いだ 後で 何を しますか。

➡ ______________________

⑤ 歯を 磨きます。

➡ ______________________

2. 다음 문장을 일본어로 바꿔 봅시다.

① 유카타를 입은 적이 있습니까?

➡ ______________________

② 돈을 빌린 적은 한 번도 없습니다.

➡ ______________________

③ 다 같이 뒤풀이를 합니다.

➡ ______________________

④ 밥을 먹기 전에 무엇을 합니까?

➡ ______________________

⑤ 운동 후에 샤워를 합니다.

➡ ______________________

물류 노트

크루즈여행

　일본에서 출발하는 초호화 크루즈 선박에는 일본선박인 '아스카Ⅱ(飛鳥Ⅱ)', '퍼시픽 비너스(ぱしふぃっくびいなす)', '닛뽄마루(にっぽん丸)' 3척과 외국선인 '다이아몬드 프린세스' 등이 있다. 이 중 '닛뽄마루' 크루즈의 경우는 세계유산과 식도락을 즐기는 투어를 경험할 수 있는 제주도, 불꽃축제 현장인 시모노세키, 아와오도리 축제의 본고장 고마츠시마 3곳을 여름 3대 레저 기항지로 삼고 있다.

休みの日は何をして過ごしますか

休みの 日は 何を して 過ごしますか

🎧 **기본 회화**　장면 김과장과 요시다부장이 쉬는 날에 하는 일에 대해 이야기하고 있다.

キム課長　休みの 日は 何を して 過ごしますか。

吉田部長　友だちに 会ったり、買い物を したり します。

キム課長　買い物は どこに 行きますか。

吉田部長　ダイソーとか ドン・キホーテに よく 行きます。

キム課長　ダイソーは 韓国にも ありますよ。

吉田部長　そうですか。ドン・キホーテも ありますか。

キム課長　いいえ、それは ありません。

❶ A　日曜日は 何を して 過ごしますか。

　 B　部屋を 片付けたり、電話で おしゃべりを したり
　　　します。

❷ A　いつ 洗濯を しましたか。

　 B　さっき した ばかりです。

❸ A　ここに 自転車を 置いても いいですか。

　 B　危ないから、置かないで ください。

새로 나온 말

会ったり	만나거나	買い物を したり します	쇼핑을 하거나 합니다
ダイソーとか	다이소라든지		
ドン・キホーテ	돈키호테(유명한 일본 할인점의 하나)		
片付ける	치우다	おしゃべりを する	수다를 떨다
さっき	아까	した ばかりです	막 했습니다
置く	두다	置かないで ください	두지 말아 주세요

1　ーたりーたり　します（ー하거나 ー하거나 합니다）

11과에서 배운 た형에 연결하여 두 가지 이상의 상황을 나열할 때 쓴다.

- 夜は　日記を　書いたり、小説を　読んだり　します。
- 最近、雨が　降ったり　やんだりします。

2　ーた　ばかりです（막 ー했습니다）

어떤 행동이 완료 된지 얼마 지나지 않았다는 마음을 나타낼 때 쓰는 표현이다.

- 今朝、仕事が　終わった　ばかりです。
- 去年の　秋、引っ越した　ばかりです。

3　부정 표현 :ーない형（ー지 않는다）

'ーない'는 부정을 나타내는 조동사이며, 단독으로 사용되는 'ない(없다)'와는 구별된다.

Ⅰ 그룹 동사 ー 어미를 あ단 활용시킨 후 ーない 활용형을 붙인다.

- 頼む → 頼まない　　• 太る → 太らない

＊예외 違う → 違わない

II 그룹 동사 − 어미를 떼고, −ない 활용형을 붙인다.

- 降りる → 降りない
- 植える → 植えない

III 그룹 동사 − 불규칙 활용

- 来る → 来ない
- する → しない

4 −ないで ください (−하지 말아 주십시오)

ない형에 접속하여 어떤 행동을 하지 않도록 부탁할 때 쓴다.

- 出口に 立たないで ください。
- あまり 心配しないで ください。

最近	최근	やむ	(비, 바람이)멈추다
今朝	오늘 아침	秋	가을
頼む	부탁하다	違う	틀리다
植える	심다	出口	출구
心配	걱정		

1. 다음 예와 같이 쓰고 대화해 봅시다.

〈예〉

しゅうまつ うた
週末 / スポーツを する / カラオケで 歌う

A : 週末は 何を して 過ごしますか。

B : スポーツを したり、カラオケで 歌ったり
　　します。

① 暇な 時 / 昼寝を する / 猫と 遊ぶ

A : ＿＿＿＿＿＿＿＿＿＿＿＿＿＿＿＿＿＿＿＿＿＿＿＿＿＿＿＿＿＿＿＿。

B : ＿＿＿＿＿＿＿＿＿＿＿＿＿＿＿＿＿＿＿＿＿＿＿＿＿＿＿＿＿＿＿＿。

② 冬休み / 旅行に 行く / 塾に 通う

A : ＿＿＿＿＿＿＿＿＿＿＿＿＿＿＿＿＿＿＿＿＿＿＿＿＿＿＿＿＿＿＿＿。

B : ＿＿＿＿＿＿＿＿＿＿＿＿＿＿＿＿＿＿＿＿＿＿＿＿＿＿＿＿＿＿＿＿。

③ 連休 / 京都で お寺を 見る / 日本料理を 食べる

A : ＿＿＿＿＿＿＿＿＿＿＿＿＿＿＿＿＿＿＿＿＿＿＿＿＿＿＿＿＿＿＿＿。

B : ＿＿＿＿＿＿＿＿＿＿＿＿＿＿＿＿＿＿＿＿＿＿＿＿＿＿＿＿＿＿＿＿。

④ 土曜日 / 公園を 歩く / 山に 登る

A : ＿＿＿＿＿＿＿＿＿＿＿＿＿＿＿＿＿＿＿＿＿＿＿＿＿＿＿＿＿＿＿＿。

B : ＿＿＿＿＿＿＿＿＿＿＿＿＿＿＿＿＿＿＿＿＿＿＿＿＿＿＿＿＿＿＿＿。

새로 나온 말

昼寝を する	낮잠을 자다	塾	학원
通う	다니다	お寺	절
歩く	걷다		

2. 다음 예와 같이 쓰고 대화해 봅시다.

〈예〉

車を 買う / 去年

A : いつ 車を 買いましたか。

B : 去年 買った ばかりです。

① 会社に 入る / 2カ月前

A : ＿＿＿＿＿＿＿＿＿＿＿＿＿＿＿＿＿＿＿＿＿。

B : ＿＿＿＿＿＿＿＿＿＿＿＿＿＿＿＿＿＿＿＿＿。

② 韓国に 来る / 先月

A : ＿＿＿＿＿＿＿＿＿＿＿＿＿＿＿＿＿＿＿＿＿。

B : ＿＿＿＿＿＿＿＿＿＿＿＿＿＿＿＿＿＿＿＿＿。

③ 卒業する / 今年の春

A : ＿＿＿＿＿＿＿＿＿＿＿＿＿＿＿＿＿＿＿＿＿。

B : ＿＿＿＿＿＿＿＿＿＿＿＿＿＿＿＿＿＿＿＿＿。

④ 家を 建てる / おととし

A : ＿＿＿＿＿＿＿＿＿＿＿＿＿＿＿＿＿＿＿＿＿。

B : ＿＿＿＿＿＿＿＿＿＿＿＿＿＿＿＿＿＿＿＿＿。

새로 나온 말

2ケ月前	2개월 전	卒業	졸업
春	봄	建てる	세우다

3. 다음 예와 같이 쓰고 대화해 봅시다.

〈예〉

ここに ごみを 捨てる / 店の前だ

A : ここに ごみを 捨てても いいですか。

B : 店の 前だから、捨てないで ください。

① 窓を 閉める / 暑い

A : ＿＿＿＿＿＿＿＿＿＿＿＿＿＿＿＿＿＿＿＿＿＿＿＿＿＿＿＿＿＿＿＿＿＿。

B : ＿＿＿＿＿＿＿＿＿＿＿＿＿＿＿＿＿＿＿＿＿＿＿＿＿＿＿＿＿＿＿＿＿＿。

② お風呂に 入る / 熱が ある

A : ＿＿＿＿＿＿＿＿＿＿＿＿＿＿＿＿＿＿＿＿＿＿＿＿＿＿＿＿＿＿＿＿＿＿。

B : ＿＿＿＿＿＿＿＿＿＿＿＿＿＿＿＿＿＿＿＿＿＿＿＿＿＿＿＿＿＿＿＿＿＿。

③ ここで たばこを 吸う / 禁煙だ

A : ＿＿＿＿＿＿＿＿＿＿＿＿＿＿＿＿＿＿＿＿＿＿＿＿＿＿＿＿＿＿＿＿＿＿。

B : ＿＿＿＿＿＿＿＿＿＿＿＿＿＿＿＿＿＿＿＿＿＿＿＿＿＿＿＿＿＿＿＿＿＿。

④ ここで サッカーを する / 小さい 子供が いる

A : ＿＿＿＿＿＿＿＿＿＿＿＿＿＿＿＿＿＿＿＿＿＿＿＿＿＿＿＿＿＿＿＿＿＿。

B : ＿＿＿＿＿＿＿＿＿＿＿＿＿＿＿＿＿＿＿＿＿＿＿＿＿＿＿＿＿＿＿＿＿＿。

새로 나온 말

ごみ	쓰레기	捨てる	버리다
窓	창문	閉める	닫다
熱	열	禁煙	금연

1. 다음 문장을 우리말로 해석해 봅시다.

① 暇な 時は 何を して 過ごしますか。

➡ _______________________________________

② 友だちに 会ったり、スポーツを したり します。

➡ _______________________________________

③ さっき 洗濯を した ばかりです。

➡ _______________________________________

④ ここに ごみを 捨てても いいですか。

➡ _______________________________________

⑤ 禁煙だから、ここで たばこを 吸わないで ください。

➡ _______________________________________

2. 다음 문장을 일본어로 바꿔 봅시다.

① 다이소는 한국에도 있어요.

➡ _______________________________________

② 학원에 다닙니다.

➡ _______________________________________

③ 공원을 걷거나 전화로 수다를 떨거나 합니다.

➡ _______________________________________

④ 언제 졸업했습니까?

➡ _______________________________________

⑤ 추우니까 창문을 열지 말아 주세요.

➡ _______________________________________

물류 노트

일본의 드러그스토어

일본의 드러그스토어는 약국과 드러그스토어 두 가지 허가를 가지고 영업을 하는 곳이 많다. 드러그스토어는 우리나라와는 조금 다른 개념으로 운영되는데 처방약이나 상비약을 판다는 점에서 우리나라와 비슷하나 일반의약품 외에도 건강이나 미용관련 상품 등도 판매되는 점이 다르다. 즉 드러그스토어는 화장품이나 샴푸 주방세제 등 간단한 생활품도 살 수 있는 잡화상 같은 곳이라 할 수 있다. 일본의 최대 드러그스토어는 '마츠모토키요시'로 체인점 형태로 운영된다. 흔히 줄여서 마츠키요(マツキヨ)라고 한다. 본사는 지바현(千葉県)에 있다.

신주쿠 마츠모토키요시

마츠모토키요시 본사

저 자 약 력

이시윤(李施昀)/舊名李一淑

일본오차노미즈여자대학 석사 및 박사
  (비교문화학박사)
현 성결대학교 동아시아물류학부 교수

 저서　기초일본어
　　　　포인트일본문학사
　　　　일본고전문학감상
　　　　일고전문법입문 외 다수

임태균(任苔均)

니혼대학 석사(국제관계학)
오사카대학 박사(비교문학)
현 성결대학교 동아시아물류학부 교수

 저서　프라임일본어입문
　　　　포인트일본문학사
　　　　일본 근·현대소설의 이해와 감상 외 다수

아이자와 유카(相澤由佳)

고려대학교 교육대학원 일어교육전공 석사
  (교육학)
고려대학교 일어일문학과 박사과정 수료
현 성결대학교 동아시아물류학부 조교수

 저서　프라임일본어입문
　　　　중학교 생활일본어
　　　　고등학교 일본어 I II 외 다수

양민호(梁敏鎬)

도쿄외국어대학 석사(언어학)
도호쿠대학 박사(사회언어학)
현 성결대학교 동아시아물류학부 조교수

 공저　경제언어학-언어·방언·경어
(역서) 3.11 쓰나미로 무엇이 일어났는가 외 다수

기초물류일본어 II

초 판 인 쇄　2017년 08월 23일
초 판 발 행　2017년 08월 28일

저　　자　이시윤·임태균·아이자와 유카·양민호
발 행 인　윤석현
발 행 처　제이앤씨
책 임 편 집　최인노
등 록 번 호　제7-220호

우 편 주 소　서울시 도봉구 우이천로 353 성주빌딩 3층
대 표 전 화　02) 992 / 3253
전　　송　02) 991 / 1285
홈 페 이 지　http://jncbms.co.kr
전 자 우 편　jncbook@hanmail.net

ⓒ 이시윤 외, 2017. Printed in KOREA

ISBN 979-11-5917-076-8　13730　　　　　　　　정가 12,000원